Wolfgang Dalk

DAS FAN-BUCH
H A N S A

WeymannBauerVerlag

Mit einem Vorwort von Prof. Horst Klinkmann
Mit 99 Abbildungen

Mit 22 Vignetten von Nel

ISBN 3-929395-29-0

1. Auflage 1997
© WeymannBauerVerlag GmbH, Rostock
Reproduktion Druckhaus Galrev, Berlin
Druck und Binden Clausen & Bosse, Leck
Printed in Germany

INHALT

... UND DER FUSSBALL ROLLT – INS NÄCHSTE JAHRHUNDERT

DIE STARS IN DER MANEGE

HINTER DEN KULISSEN

ANHANG

Als inmitten eines fast aussichtslosen Kampfes gegen den Abstieg aus der 1. Bundesliga in der Saison 1995/96 und der gleichzeitigen Auseinandersetzung zwischen Präsident und Cheftrainer der Präsident seinen Rücktritt erklärte, wo doch nach ungeschriebenen Bundesligaregeln der Schleudersitz des Trainers hätte in Gang gesetzt werden müssen, schrieb eine bekannte Tageszeitung auf der Suche nach den Gründen sinngemäß fast resignierend: »Bei Hansa ist eben alles anders.«

Das wird auch dieses Buch bestätigen, wenn da sogar auf den nachfolgenden Seiten vom Autor die sicherlich für viele unverzeihliche Sünde des Widerspruchs gegen die epochale philosophische Feststellung Sepp Herbergers, daß »der Ball rund ist« erhoben wird und respektlos nachgewiesen wird, daß gerade der Fußball es noch nie gewesen ist.

Der Leser wird nach der Lektüre des Buches auch davon überzeugt sein – wenn er es nicht sowieso schon vorher war –, daß nur beim Fußball und seinen Fans die im täglichen Leben oft so schmerzlich vermißte Praxis der Demokratie realisiert wird. Hier darf, ja hier muß sogar jeder dafür, dagegen, dazu, davon und darüber reden – er darf es offen oder geheim, laut oder leise tun –, der Ball macht trotzdem, was der Ball will!

Ungerechterweise mit dem männlichen Geschlecht belegt – *der* Fan – sieht die Wirklichkeit viel besser aus, weil ein beträchtlicher und vor allem betrachtenswerter Teil der Hansa-Fan-Gemeinde dem schöneren Geschlecht angehört, wobei trotzdem auch unter den treuesten Fans die

Streitfrage weiter schwelt, ob der Begriff »Fan« nur eine Abkürzung von »fanatisch« ist oder doch eine Beziehung zum Mutterland des Fußballs hat, wo »fun« für Spaß steht. Sei es wie es sei, ich schließe mich der Meinung des Buches an, daß der Fußballfan Geschichte gemacht hat und noch macht, denn ohne ihn wären die Medien arbeitslos, weil ohne Publikum; er hat die wichtigste Nebensache der Welt zur Hauptsache seines Lebens gemacht.

Deshalb sind sich auch alle, die in der wechselvollen Geschichte des FC Hansa aufgetreten sind, über eines einig: Spieler, Trainer, Präsidenten und Vorstände kommen und gehen – aber der Fan bleibt!

Und übrigens ... jeder Fan weiß genau, daß Real Madrid oder der FC Bayern München nicht berühmter sind als der FC Hansa, sie schießen nur manchmal mehr Tore und gewinnen dadurch öfter, aber was macht das schon!

Wenn Sie dieses Buch gelesen haben, schließen sie sich bestimmt dieser Meinung an.

Horst Klinkmann

SO HAT DAS ALLES BEGONNEN ...

> »Als Gott den Fußball schuf, war er sternhagelvoll.«
> (Die Vermutung der Gattin eines Fußballfans)

Am Anfang war der Fußstoß

Doch wie begann es wirklich? Wer hat das Fußballspiel überhaupt erfunden und damit den Möbeltransport von Lauter nach Rostock ins Rollen gebracht? Kann man wirklich einen Erfinder dingfest machen? Waren es – wie sooft – die Ägypter? Oder die Griechen? Die Römer? Wir können es gleich vorwegnehmen: So einen richtigen Erfinder des Fußballs gibt es nicht. Trotz aller Bemühungen läßt sich kein Mensch ausmachen, der zu einem bestimmten Zeitpunkt vor seine Mitmenschen hingetreten ist und gesagt hat: »Laßt uns Fußball spielen! Hier ist das Regelbuch.«

Wenn wir wirklich zu den Anfängen des schönsten aller Spiele vorstoßen wollen, müssen wir unseren Fuß in den Sand der Geschichte stecken, in fremde Länder und Kulturen. Es wird drunter und drüber gehen, aber uns unserem Gegenstand näherbringen. Manchmal werden wir sogar auf diese oder jene Fußballreliquie treffen. Darauf dürfen wir gespannt sein. Doch erst einmal stellen wir unsere Armbanduhr um zirka 5000 Jahre zurück und begeben uns nach China, ins Jahr 2967 vor unserer Zeit. Wirklich! Ernstzunehmende Wissenschaftler behaupten nämlich, hier läge die Wiege des Fußballspiels.

Der mythische Kaiser Huang-Ti, so lautet die Auskunft, hatte Freude an einem Spiel, das *Tsu-küh* genannt wurde. *Tsu* heißt soviel wie »mit dem Fuß stoßen« und *küh* ist der Ball. Zu einer Zeit, wo man in Mecklenburg stolz darauf war, endlich die Eiszeit hinter sich gebracht zu haben und die herumliegenden Klamotten zu so etwas wie einer Neusteinzeit zusammengesucht hatte, spielten die Chinesen bereits *Tsu-küh*. Das Nordabendländische hatte gerade den

9

aufrechten Gang gelernt, da wurde im Asiatischen schon mit dem Fuß gestoßen.

Aber was lag da für ein Ball in der Wiege des Fußballspiels? Es war ein rundes Etwas aus Rinde. Rinde einer Schilfpalmenart mit Namen Rotang. Der besonders biegsame Strang wurde in Längsstreifen geschnitten und zu einem Ball verflochten. Gefüllt hatten die Chinesen das Ganze mit Federn oder Haaren. Das Gerät wurde im Laufe des Spiels so gewaltig herumgestoßen, daß die Federn flogen und ihm die Haare zu Berge standen. Selten erlebte so ein Ball ungerupft das Spielende. Mit ihm hatten die Chinesen also ihre Kümmernisse. Wie, so überlegten sie, könnte man das ändern? Nach langem Grübeln kamen sie darauf, ihre Bälle aus acht kreuzweise angeordneten Lederstreifen zu basteln. Die flogen zwar auch recht bald auseinander, hatten aber den Vorteil, zwei oder gar drei Partien zu überleben. Erst die mit Luft gefüllte Hirschlederblase, die ein paar Jahrhunderte später aufgekommen sein soll, hielt dem tausendfachen *Tsu* stand. Ihre Haltbarkeit übertraf alles Dagewesene. Die Kapriolen, die diese Bälle vollführten, weil ihre Eigenbewegung nahezu unkontrollierbar war, ärgerten die Spieler jedoch. Dafür jauchzte das Publikum. Das ist heute nicht anders.

Was geschah nun bei einem *Tsu-küh*? Darüber gibt es verschiedene Meinungen. Nach der These vom Torspiel wurde der Ball hart umkämpft und letzten Endes in ein fünf Meter hohes Tor getreten. In dem Mannschaftsspiel gab es Feldspieler, Torwarte und Kapitäne. Es wird geschrieben, daß es vor allem den Kampf verherrlichte. Da die Mannschaften vorzugsweise aus Soldaten bestanden, wurde mit dem Spiel ein Beitrag zur Wehrertüchtigung geleistet.

Wir aber wollen folgender Darstellung folgen: Auf einem viereckigen, baumfreien Platz mußten die Akteure versuchen, mit den Füßen und dem Oberkörper, aber auch mit der Faust (Aha!), den Ball vorwärtszubewegen. Dabei sollte er im Verlauf des Spiels – wie heute beim Golf – in ein Loch im Boden plaziert werden. Das soll viel mit dem

Fruchtbarkeitskult zu tun gehabt haben. Der wurde zu Ehren jener Götter betrieben, die für die guten Ernten zuständig waren. Die Sieger hofften nämlich, auf ihren Feldern würde es üppiger blühen als bei ihren Gegnern. Doch ehe es soweit war, mußte der Ball möglichst oft im gegnerischen Loch versenkt werden.

Hoppla! Fruchtbarkeitskult! Ball! Loch! Versenken! Hatte nicht das große Nationalmannschaftsidol Jürgen Klinsmann das Toreschießen mit dem Gefühl beim Sex verglichen? Natürlich. Es entlade sich beim Torschuß ein enormer Druck – ein Wahnsinnsfeeling, so ähnlich wie beim Sex. Der berühmt-berüchtigte Fußballtrainer Max Merkel bestimmte gar den Schuß aufs Tor als das Geheimnis der Anziehungskraft des gesamten Spiels. Wie bei der Liebe wäre es. Was vorher ist, meint er, kann auch sehr schön sein, aber es ist nur Händchenhalten. Der Ball muß rein!

Schauen wir nach dem *Tsu* auf das *küh*, den Ball also. Ihm ging es von Anbeginn schlecht. Er wurde nicht nur während des Spiels getreten, gestoßen und geschlagen, sondern – wie wir nun wissen – auch versenkt. Doch selbst das war nicht das Schlimmste. Wahre Horrorgeschichten sind aus Europa bekannt. Um die Bodenfruchtbarkeit anzuregen, war es bei den nordfranzösischen und schottischen Volksfußballspielen noch Anfang des 16. Jahrhunderts Brauch, den Ball im Spielfeld der siegreichen Mannschaft zu verbuddeln, also bei »lebendigem Leibe« zu begraben. Aber auch das Strangulieren, das »Ball-Aufhängen« an einem Baum, kam im Rahmen des Fruchtbarkeitskultes vor. Lange wurde

11

das Ertränken oder Eintunken in einen Fluß oder See ausgeführt, auf daß es reichlich Fische gebe.

Ballquälereien waren also nicht nur auf dem Platz gang und gäbe, sondern auch noch nach dem Spiel. Ballschicksal eben. Selten wurde dem Ball etwas Gutes getan. Er wurde kaum geachtet. Und kam mal einer abhanden, wurde nicht lange gesucht, sondern gleich ein neuer genommen. In größter Not wurde so mancher im Stich gelassen. George Davidson vom englischen Fußballclub Southampton drosch z.B. Anfang des 20. Jahrhunderts in einem Spiel gegen Bolton Wanderers den Ball von England nach Australien. Wie war das möglich? Kurz vor Spielende flog das Leder hoch über die Platzbegrenzung, landete auf einem vorbeifahrenden Lastkraftwagen, mit dessen Ladung es auf einem Schiff direkt nach Australien gebracht wurde. Dort wurde es vermutlich an einem traurigen Tag vom Speer eines Aborigines erlegt und war bald nicht mehr als ein staubiges Sitzkissen am Lagerfeuer.

Spricht man heute von Leder, weiß jeder, was gemeint ist. Doch sollten wir nicht vergessen, daß es auch Bälle aus Holz und Stein gegeben hat, sowie Behältnisse, die mit Korkspänen oder Heu, Kleie oder Moos gefüllt waren. Die Technik, eine von einer Lederhaut umschlossenen Schweinsblase aufzupumpen, war in Europa seit dem 16. Jahrhundert bekannt. Trotzdem hantierten die Spieler dort noch zirka 300 Jahre mit den harten, schweren und störanfälligen Geräten herum. Erst mit Beginn unseres Jahrhunderts setzten sich luftgefüllte Bälle durch. Sie waren zunächst noch mangels Luftventil verschnürt und hatten damit an einer bestimmten Stelle einen schweren »Hubel«. Genau dieser ließ die Spieler aber mitunter bereuen, zum Kopfball aufgestiegen zu sein.

1920 kamen unverschnürte Lederbälle in den Handel. Die heutigen sind ganz aus Kunststoff. Jedoch ist ein kugelrunder Ball in vollkommen geometrischer Ordnung der Wunschtraum aller. Und selbst wenn die Fußballautorität Sepp Herberger steif und fest behauptete: »Der Ball ist rund.« Er war es noch nie! Wann auch immer – stets hatte

er irgendwelche Macken. Und konnte das in den letzten Jahren geändert werden?

Heute besteht der Ball aus Einzelteilen, sogenannten »Ecken«. 32 sind es: 12 Fünfecke und 20 Sechsecke. Diese konnten bisher nicht so zusammengenäht werden, daß sie alle unter gleicher Spannung stehen. Und das macht den Ball unrund. Folge: Die ledernen Sechsecke verschleißen schneller als die Fünfecke und damit werden Flatterbälle zum festen Bestandteil eines jeden Fußballspiels. Dabei müßte das nicht so sein. Abhilfe versprechen zum Beispiel die Holländer Frank und Bert Scharper. Die Gebrüder haben beim Patentamt einen Ball angemeldet, bei dem die Zugkräfte zwischen den Feldern überall gleich sind. Wie sie das machen, verraten sie nicht. Es ist ihr Patentgeheimnis. Jedenfalls sind sie im festen Glauben, den ersten wirklich runden Ball der Menschheitsgeschichte anzubieten.

In Holland, in Spanien und bei Borussia Dortmund wird er derzeit ausprobiert.

Ballspiel einmal anders

Wie oft schimpfen Fußballgegner über die Fußballspieler, über ihr Gebaren und die Unsinnigkeit der Zuschauer, die sich vor, während und nach dem Spiel wie Tollhäusler

In Mittelamerika wurde mit einem Ball gespielt, »der aus dem Gummi eines Baumes gemacht war und, obwohl schwer, besser fliegen und springen konnte, als die mit Luft gefüllten in Spanien.«

Cristoph Kolumbus, 1496.

benehmen. Fußball macht kopflos – so lautet die Behauptung. Dabei ist das mit dem »kopflos« nicht wörtlich gemeint.

Von den frühen Ballspielen der lateinamerikanischen Indianer kann man das nicht sagen. Ballspielen war bei ihnen häufig nicht gefahr- und folgenlos. Menschliche Weihopfer zu kultischen oder sakralen Zwecken waren fester Bestandteil ihrer Kultur. Überliefert ist, daß Kriegsgefangene von hoher Geburt gezwungen wurden, gegeneinander im Ballspiel anzutreten. Die Bevölkerung schaute solchen Spielen zu. Die Verlierer wurden geopfert, wortwörtlich kopflos gemacht! Oder sie wurden zu einem Ball zusammengeschnürt und die Stufen eines Tempels hinuntergestoßen. Das überlebten die wenigsten.

Die Indianer kannten aber auch die einfachen Belustigungsspiele, in denen es wirklich nur darum ging, ein Publikum mit den eigenwilligsten Ballkünsten und den ver-

14

Der große Ballspielplatz von Chichén Itzá wäre für moderne Fußball-Meister-
schaftsspiele gänzlich ungeeignet. Mit seinen 164 m Länge und 68 m Breite
ist er einfach viel zu groß.

blüffendsten Spieltechniken zu erfreuen. Das taten Gele-
genheitsspieler, aber auch schon Profis. Sie spielten mit
einem Kautschukball, wenig größer als der im Tennis. Die
harte Vollgummikugel konnte unter anderem mit dem
Knie, dem Fuß, der Hüfte und dem Steiß bewegt werden.
Damit die Schmerzen nach der Ballberührung nicht so
groß waren, daß es zu Lasten des Spielflusses ging, waren
die Spieler meist gut gepanzert.

Unterschiedlichste Anlagen verschiedenster Größe standen den Indianern für ihr Spiel zur Verfügung. Der größte
Ballspielplatz Mesoamerikas befindet sich in der Maya-
und Toltekenstadt Chichén Itzá in Mexiko. Einige der
Plätze weisen Steinringe an den Längsseiten auf. Der Historiker Viktor W. von Hagen vergleicht sie in ihrer Funktion mit Basketballkörben. Wenn es gelang, den Ball durch
einen solchen hindurchzuschießen – allerdings mit dem
Fuß, Handspiel war nicht erlaubt –, dann war das Spiel gewonnen. Unabhängig davon, wieviele Fehlpunkte das je-
weilige Team durch unerlaubte Berührung des Balls mit

15

Apropos Agypten ...

dem Boden bereits erhalten hatte. Es wird allerdings vermutet, daß dieses Kunststück nur selten gelang. Und das ist kaum verwunderlich. Die Ringe befanden sich häufig in schwindelerregender Höhe. Bei einem von Hagen beschriebenen Ballspielplatz beläuft sie sich auf unglaubliche elf Meter. Die wenigen von Forschern gefundenen Beschreibungen des Spiels sind häufig ungenau und zutiefst mysteriös. Viele Gelehrte halten es daher heute für unmöglich, sich ein klares Bild vom Ablauf des Spiels zu machen.

Eines aber ist sicher: Den Wandel des (Fuß)ballspiels zum Sport haben viele Völker beeinflußt. Fußballähnliche Spiele gab es zum Beispiel auch in Ägypten, Indien, Australien und Nordamerika. Aber es geht uns hier nicht um Vollständigkeit.

Doch zu den Römern sollten wir uns noch äußern. Für sie war das Treten nach einem Ball eine unnatürliche und unschöne Bewegungsform. Dazu kommt, daß Sport bei ihnen Götterdienst war – da hielten sie es wie die Griechen. Man huldigte der Schönheit des Seins. Da das nach ihrer Auffassung beim Fußball nicht machbar war, ließen sie die Füße von dem Spiel.

16

Einige Jahrhunderte später, gegen 1555, entwickelten die Florentiner ein Spiel namens *calcio*, was soviel wie Fußtritt heißt. Dieses *calcio* soll Schönheit repräsentiert haben, und die Akteure wurden ihrer Ausstrahlung wegen als schöne Männer bezeichnet. Kaum vorstellbar, daß das Spiel aus einem wilden Ballgerangel entstand.

Der florentinische Adel stellte die Spieler. Das Volk nahm die Zuschauerplätze ein. Diese klare Trennung ist wohl die Geburtsstunde des europäischen Zuschauerfußballs. Da konnte niemand mehr ohne weiteres auf den Platz springen, um sein Team zu unterstützen. Beim frühen, volkstümlichen *calcio* war das noch möglich. Nun waren Spielfeldgrenzen soziale Grenzen.

War nicht genügend Volk zum Spiel erschienen, kam es durchaus vor, daß Stadtsoldaten durch die Straßen zogen, um Publikum zusammenzutreiben. Kommt das diesem oder jenem Leser bekannt vor? Auch Erich Mielke ließ noch 1988 kompanieweise sein Wachregiment ausrücken, wenn zu einem BFC-Spiel nicht genügend Zuschauer im Stadion waren. Da saß dann schon mal ein Fußballhasser im Dynamo-Forum und las einen Roman von Dostojewski oder Swift, während auf dem Rasen Reich, Ernst, Thom

und Küttner gegen Hansa Rostock ein 4:0 im FDGB-Pokal-Halbfinalspiel herausschossen. Aber Befehl war eben Befehl, und der wurde durchgesetzt.

Durchgesetzt hatten sich schließlich auch die Konstrukteure des fürstlichen Spiels. Die Grundform des volkstümlichen *calcio* beibehaltend, wurde die Zahl der Spieler in den festgefügten Mannschaften begrenzt. Beim frühen *calcio* waren es noch 40, künftig sollten es nur noch 27 sein. 27 – keiner mehr, keiner weniger. Basta!

Jeder Spieler bekam seine Aufgabe. Künftig gab es Stürmer, Läufer, Zerstörer und Verteidiger, die unter Leitung eines *Maestro del Campo* agierten. Er war nichts anderes als eine Art Mannschaftskapitän. Das war der radikale Schnitt mit dem historischen *calcio* der Beliebigkeit.

Daß zahlenmäßig gleichstarke Mannschaften gegeneinander spielen, scheint aus der heutigen Sicht logisch. Jedoch hat es von jeher zahlenmäßig ungleiche Teams gegeben. Selbst nach der Gründung der europäischen Football Association (F.A.) 1863 dürfte eine ungleiche Spielerzahl auch im Wettkampf keine Ausnahme gewesen sein. So spielte eine elfköpfige Mannschaft aus Harrow gegen 14 Mann aus Cambridge und gewann 3:1. Das war 1864. Erst 33 Jahre später verfügte die F.A. im offiziellen Regeltext, daß Fußballspiele mit »zwei Mannschaften durchgeführt werden, von denen jede nicht mehr als elf Spieler aufweisen darf.« Im fürstlichen *calcio* sollten es aber noch 27 gegen 27 sein.

Warum gerade 27 gegen 27 und nicht 11 gegen 11 oder 8 gegen 8? Man weiß es nicht. Es wird viel mit den Ausmaßen der *Piazza di Santa Croce* zu tun gehabt haben. Auf ihr wurden die Spiele nämlich ausgetragen. Um mit Raum und Gegner ansehbar spielen zu können, war die Mannschaftsstärke gewiß sinnvoll. Doch ob diese Überlegungen wirklich eine Rolle gespielt haben, ist unbekannt. Bekannt aber ist die F.A.-Regel von 1863, nach der elf Mann eine Mannschaft zu bilden hätten. Später heißt das scheinbare Erfolgsrezept etwas rührselig: »Elf Freunde müßt ihr sein!«

Gerd Sackritz im Kampf gegen einen *calcio*-Enkel von Inter Mailand, 1968.

Wie kommt man gerade auf elf? – Schon die Chinesen sollen mit elf Spielern angetreten sein. Auch beim englischen Cup-Wettbewerb hatte sich die Elfer-Besetzung bewährt. Aus Tradition zu derartigen Festlegungen unserer Vorfahren beließ man es bei der Spieleranzahl. So steht es geschrieben. Aber ist das nicht viel zu profan? Ist es nicht viel romantischer, sich vorzustellen, die Elfer-Besetzung ließe sich aus dem Faschingsfest herleiten, wie vom Historiker Francis P. Magoun behauptet? So an den Haaren herbeigezogen ist das nämlich nicht. Fußball wurde auch gern bei Festen gespielt, vor allem beim Fasching. Und da gilt die Elf als eine magische Zahl. Deshalb startet die Faschingssaison auch am 11. 11., deshalb eröffnet man sie auch um 11 Uhr 11! Deshalb sind die Faschingsoberhäupter mancherorts ein Elferrat. Deshalb ... Jedenfalls ist eine solche Erklärung drolliger als das Cup-Argument.

Auf alle Fälle wurde die Elfer-Besetzung als erstes im englischen Regeltext festgemacht. Nicht ganz ohne Grund behaupten also viele, England sei das eigentliche Mutterland des Fußballs. Doch darf man nicht davon ausgehen, daß das Spiel dort schon immer gern gesehen war. 1911 waren von den 605 vor den Jugendrichter von Birmingham geführten Kindern 132 wegen verbotenem Straßenfußball angeklagt.

1921 waren die Briten da schon etwas kulanter. In diesem Jahr wurde bei ihnen das Fußballtoto eingeführt. Damit waren sie dann ebenfalls die ersten.

Doch zuvor brachten englische Touristen 1766 das fürstliche *calcio* auf die Insel. Aber da gab es bereits seit 1314 ein Spiel, was so etwas wie Volksfußball darstellte. Die Briten machten aus beiden Spielen eins, verfeinerten es, gaben ihm moderne Regeln, ersannen ausgeklügelte Spielsysteme und bemühten sich, daß Fußballspielen möglichst publikumsfreundlich zu gestalten. Das gelang mit den Jahren. Immer mehr Männer spielten, immer mehr Männer verbrachten Nachmittage damit, in geselliger Runde dem Fußballtreiben zuzugucken. Beim englischen Cup-Finale 1872 waren es 2 000 Fußballbegeisterte, die das Spiel sehen wollten. Dreizehn Jahre später kamen bereits 8 000; 45 000 standen 1893 um den Platz, und 1901 platzte der Crystal Palace, gefüllt mit 111 000 Zuschauern, aus allen Nähten.

In Deutschland war das etwas anders. Die erste Meisterschaft des Deutschen Fußballbundes (DFB) im Jahre 1903 (VfB Leipzig-DFC Prag, 7:2) mußte sich noch mit 1 500 zahlenden Zuschauern und einer Gesamteinnahme von 473 Mark begnügen. Nun gut, das Spiel wurde auch nicht in einem Stadion, sondern auf einem Exerzierplatz in Hamburg-Altona ausgetragen. Die Zuschauer standen hinter einer rasch errichteten Absperrung. Die sollte in erster Linie verhindern, daß fußballuninteressierte Passanten den Fußweg, der quer durch das Spielfeld verlief, benutzten.

Heute ist so etwas nicht mehr vorstellbar. Zu den Bundesligaspielen der neunziger Jahre kommen pro Spiel im Schnitt 30 000 Zuschauer.

Herrlich einfach – einfach herrlich!

Die Grundanlage der Fußballregeln hat sich, bis zu den 17 Regeln des heutigen Weltfußballverbandes, nicht wesentlich verändert. Vor allem geht es da um die Festlegung der Siegentscheidung, um die Spieleranzahl, die Ausrüstung, das Spielfeld und die Spielzeit sowie um die Festlegungen für den Fall, daß das Spiel unterbrochen wird. Zwei englische Herren haben sich um diese Regeln besonders verdient gemacht: J. C. Thring (1824–1909) und C. W. Alcock (1842–1907). Ihnen ist es zu verdanken, daß das Fußballspiel so herrlich einfach geregelt ist. Kein nerviges Studium muß der Spielwillige absolvieren. Er begreift spielend. Im wahrsten Sinne des Wortes. Er spielt. Das erste Mal gewiß in einer Mannschaft, die locker zusammengestellt wurde. Es geht um keine Meisterschaftspunkte und um keinen Cup-Pokal. Da stellt sich natürlich keiner hin und liest dem Neuling die 17 Regeln vor. Die muß er laufend und schießend kapieren. Und er kapiert. Die Idee des Spiels hat er schnell intus: Der Ball muß ins Tor der gegnerischen Mannschaft. Handspiel ist nicht erlaubt. Dann lernt er die Standardsituationen kennen: Einwurf, Eckball, Freistoß. Er erfährt, daß ein indirekter Freistoß nicht wie ein direkter Freistoß unmittelbar ins Tor geschossen

werden darf.* Aber es gibt noch andere Spielsituationen, die er meistern muß: Abwurf, Abschlag, Elfmeter, Schiedsrichterball usw. Und ganz zum Schluß geht es um die Abseitsregel. 1903 ins Leben gerufen, ist sie eine genauso einfache Regel wie die anderen. Doch sie macht viel Ärger. Ein Spieler darf sich nämlich nur dann den Ball zuspielen lassen, wenn sich im Augenblick des Abspiels zwischem ihm und dem gegnerischen Tor noch wenigstens zwei Spieler des Gegners – in der Regel der Torwart und noch ein Abwehrspieler – befinden. Der Kummer steckt in der Bestimmung »im Augenblick des Abspiels«. Wann dieser Augenblick erreicht oder überschritten ist, da streiten sich die Geister ... Irgendwann sitzt dann aber auch diese Regel bei jedem Fußballer. Und alle erwarten nun, daß er regelgerecht spielt. Tut er es nicht und läßt sich erwischen, wird er bestraft.

Obgleich die herrlich einfachen Regeln das Spiel so »einfach herrlich« machen, wird an ihnen immer wieder herumgedoktert. So müssen sich Spieler, Schiedsrichter und Zuschauer in der Saison 1997/98 mit einigen neuen Regeln vertraut machen. Die wichtigsten von der FIFA verabschiedeten Änderungen besagen, daß den Torhütern künftig verboten ist, den Ball auch nach dem Einwurf eines Mitspielers mit den Händen aufzunehmen sowie ihn länger als sechs Sekunden in den Händen zu halten. Spieler wie Europameister Andreas Köpke warten jetzt nur noch darauf, daß die Torleute den Ball irgendwann überhaupt nicht mehr in die Hand nehmen dürfen. Nun, soweit ist es noch nicht. Den Torwarten wird sogar noch etwas entgegengekommen. Bislang mußten sie bei einem Elfmeter warten, bis der Schütze den Ball berührt, ehe sie

* Apropos: Mit einem indirekten Freistoß und aus einer Entfernung von 102 Metern schoß der Darmstädter Torwart Wilhelm Huxhorn im Zweitligaspiel am 27. April 1985 bei Fortuna Köln ein Tor. Huxhorn schlug den Ball mit viel Windunterstützung vom eigenen Strafraum weit in die gegnerische Hälfte. Kurz vor dem Kölner Schlußmann Hemmerlein, der zu weit vor seinem eigenen Tor stand, prallte das Leder auf und sprang auf dem nassen Rasen über den verdutzten Torwart ins Netz.

die Torlinie verlassen durften. Diese Bestimmung wurde aufgehoben.

Aber es gibt noch weitere Neuerungen: In Zukunft können beim Anstoß und Torabstoß Tore direkt erzielt werden; bei Nichteinhaltung des Freistoßabstands von 9,15 Metern muß der Schiedsrichter entgegen der bisherigen Kann-Bestimmung sofort die Gelbe Karte zeigen; Spieler mit blutenden Wunden haben das Spielfeld zu verlassen; Radlerhosen müssen die gleiche Farbe haben wie die Spielhosen; wer die Seitenwahl gewinnt, bestimmt, auf welches Tor gespielt wird. Der Verlierer der Wahl hat dafür Anstoß. Bislang konnte zwischen Platzseite und Anstoßrecht gewählt werden.

Das alles gilt als neues FIFA-Recht.

Andere Vorschläge waren: größere Strafräume und Tore, Abschaffung der Mauer bei Freistößen, Einschuß statt Einwurf, die Einführung eines Verteidigungsdrittels anstelle der bisherigen Abseitsregelung, Minimierung der Mannschaften auf zehn Spieler, die Spielzeit dritteln, eine Nettospielzeit einführen, zwei Auszeiten pro Team zulassen usw. Sie fanden zum Glück keine Mehrheit.

All das bleibt vorerst Zukunftsmusik. Vorerst. Denn wie wir später sehen werden, gibt es Kräfte von außen, die dringlich wünschen, die Regeln zugunsten fußballferner Interessen zu verändern.

Daß es aber trotz dieser simplen Regeln im Einzelfall nicht immer so leicht ist, zu verstehen, was da 22 Männer auf dem Rasen treiben, wird jeder Fußballfan schon einmal erfahren haben, sobald er bestimmte Spielabläufe einem Fachunkundigen zu erklären versucht hat.

Hier nur ein Beispiel aus jüngster Zeit:

Er: Nie wieder! Nie wieder nehme ich dich zum Fußball mit.

Sie: Warum nicht? Das war doch sehr interessant.

Er: Interessant? Interessant ist es vielleicht bei dir im Gericht. Aber auf dem Fußballplatz, da ist es spannend.

Sie: Manchmal ist es auch bei uns im Gericht spannend.

Er: Von mir aus. Aber blamiert hast du mich, Margot, blamiert bis auf die Knochen.

Sie: Ich weiß nicht, was du meinst. Ringsum waren doch alle ausgelassener Stimmung. Gelacht wurde auch viel.

Er: Ja, über dich.

Sie: Daß ich nicht lache.

Er: Lach nur, lach!

Sie: Wenn du nur nicht alles so verbissen sehen würdest, hättest du auch gelacht.

Er: Als du plötzlich geschrien hast: »Schmetterball, Schmetterball!«, da sollte ich vielleicht lachen über diesen Blödsinn, was?

Sie: So ein Blödsinn war das gar nicht. Der Herr neben uns hat mir dann auch recht gegeben. Richtig reingeschmettert hatte der Blaue den Ball bei den Gelb-Schwarzen zwischen die Stangen da.

Er: Stangen? Das sind die Pfosten. Und dein Schmetterball war ein direkt verwandelter Eckball.

Sie: Du redest wieder einmal, wie du es brauchst. Der Ball war rund, Ecken hätte ich gesehen.

Er: Ha, ha, ha! Das hältst du wohl für sehr komisch, was?

Sie: So komisch wie den Mann mit seinem Wimpelchen.

Er: Der hatte eine Fahne.

Sie: Das verwechselst du jetzt. Deine Fahne hatte ich ja immer in der Nase, aber wie konntest du die von die-

sem Seitenläufer gerochen haben, wo er doch mindestens 15 Meter von uns entfernt war?

Er: Der Seitenläufer heißt Linienrichter, neuerdings sogar Schiedsrichterassistent.

Sie: Da hat doch überhaupt keiner die Linie gerichtet. Sie waren alle längst da, als das Spiel begann. An den Seiten, vorne und hinten und bei diesen Wendemarken ...

Er: Was für Wendemarken?

Sie: Wo die Stangen mit den Einholenetzen standen.

Er: Das ist der Strafraum. Und wie kommst du auf Einholenetze?

Sie: Werden denn da nicht die Bälle eingeholt?

Er: Nein, da werden die Bälle reingeschmettert.

Sie: So, nun sagst du auch reingeschmettert, also gibt es doch einen Schmetterball im Fußball.

Er: Margot, nicht schon wieder den Schmetterball.

Sie: Na gut, davon hatte der Pförtner auch viel zu viele weggehascht.

Er: Der Pförtner?

Sie: Na der an der Pforte mit den beiden Stangen.

Er: Die Stangen heißen Pfosten und der Mann, der zwischen diesen Pfosten steht, heißt nicht Pförtner, sondern Torwart.

Sie: Nein, das habe ich mir nun genau gemerkt, weil er nämlich so einen komischen Namen hatte.

Er: Was für'n komischen Namen?

Sie: Na, Bräutigam.

Er: Das kann er doch auch. Bei Hansa heißen die Tormänner Bräutigam, Piepenhagen oder Klewer – aber alle sind nach ihrer Mannschaftsposition Torwarte, niemals Pförtner, sondern Torhüter.

Sie: Was sind die denn nun – Tormänner, Torhüter oder Torwarte?

Er: Sie sind das eine genauso wie das andere.

Sie: Ach so. Als Tormann ist er sowas wie ein Pförtner, also der Mann am Tor, als Torhüter hütet er das Tor vor Unheil und als Torwart wartet er auf den Ball, den er dann durchläßt oder nicht.

Er: Nein. Der Tormann wartet das Tor im Sinne von schützen, wie der Hauswart oder der Tankwart. Der wartet also nicht auf den Ball, der schützt das Tor vor dem Ball, damit der da nicht durchkommt.

Sie: Weil man bei einem guten Pförtner sowieso nicht durchkommt.

Er: Das Ziel des Spiels ist es doch eben, den Ball entweder ins Tor zu bekommen oder ihn nicht ins Tor zu bekommen.

Sie: Was denn nun? Ins Tor oder nicht.

Er: Das kommt darauf an.

Sie:Worauf?

Er: Von welcher Seite man das sieht. In das eigene Tor soll kein Ball gehen, aber in das gegnerische schon.

Sie: Der Ball geht doch nicht ins Netz. Er wird hineingeschmettert.

Er: Mar... Gott noch mal!

Sie: Lassen wir das Schmettern. Aber rein soll doch der Ball, oder nicht?

Er: Na klar soll er rein. Und die anderen wollen, daß er draußen bleibt.

Sie: Könnten die sich nicht einigen, ob nun rein oder raus?

Er: Haben sie sich doch!

Sie: Ach.

Er: Ich wiederhole es ruhig noch einmal. Beim eigenen Tor soll der Ball draußenbleiben, ins gegnerische muß er rein.

Sie: Deshalb der ganze Streit auf der Wiese?

Er: Auf dem Rasen. Und für den Streit ist der Schiedsrichter da.

Sie: Schiedsrichter, Linienrichter, Verteidiger ... geht zu wie bei uns im Gericht.

Er: Ja, und da bleibe du mal auch ruhig und komm nie wieder mit zum Fußball.

Sie: Ganz im Gegenteil. Ich fühle mich doch richtig wohl dort. Es gibt Richter und Verteidiger, das Publikum stellt die Schöffen und einen Urteilsspruch gibt es zum Schluß auch ...

Schon um 1600 spielten Frauen in Schottland Fußball. Nicht im offiziellen Wettkampf, aber im freizeitlichen Spiel standen sich verheiratete und unverheiratete Frauen gegenüber. Das sollte sich ändern.

Die Engländer verboten ihren Frauen 1902 das Spiel per Gesetz. Die Deutschen waren da nicht besser. Auch später nicht. Die Männer wollten ihren Fußball für sich allein. Schreckensrufe wie die des Fußballpoeten Melchior Vischer – »Eine Frau spielt Fußball. Das bedeutet nichts Gutes. Das ist das Ende.« – waren an der Tagesordnung. »Weiber vor den Toren und auf dem Fußballplatz! Wie gräßlich!« Erst auf dem DFB-Bundestag vom Oktober 1970 wurde offiziell Fußball für Frauen zugelassen. Vorher nicht. Da galt das Spiel noch als herb und männlich, für Frauen gänzlich ungeeignet.

Was hat es die Männer gekostet, Ende der 70er Jahre folgendes einzugestehen: »Tänzerisch gewandte Bewegungen der Frauen beim Fußballspielen, die sich durch gute Rhythmisierung, Elastizität und Flüssigkeit des Ablaufs sowie Genauigkeit, Bewegungsübertragung und Antizipation der folgenden Bewegung auszeichnen, werden meist als elegant, harmonisch, anmutig und schön empfunden – Eigenschaften also, die der Frau sogar in ihrem traditionellen Rollenverständnis zugeschrieben werden.« (In einer vom DFB herausgegebenen Bestandsaufnahme zum Damenfußball.) Männer, so heißt es in einer anderen Studie, sind reaktionsschneller. Sie besitzen bis zu 40 Prozent mehr absolute Muskelkraft und in Verbindung damit 20 Prozent mehr Ausdauer. Frauen dagegen haben einen ausgeprägteren Muskel- und Gleichgewichtssinn, ihre Motorik, die Koordination von Hand-, Kopf- und Fußbewegungen, funktioniert eleganter, ihre Körperbeweglichkeit ist dank ihres dehnfähigeren Bandapparates größer. Mädchen, die unter gleichen Bedingungen (Alter, Intensität) gemeinsam mit Jungen zu kicken anfangen, sind den Knaben technisch bald haushoch überlegen, Männer kompensieren ihre Schwächen mit Kraft und Dynamik. Diverse Untersuchungen belegen das.

Diese Einsicht teilt ein Teil der deutschen Männer. Die Mehrheit steht dem Frauenfußball, wenn nicht vollends ablehnend, skeptisch gegenüber. Die Frauen aber sind am Ball. Jedenfalls sind sie nach Jahrzehnten der fußballerischen Abstinenz, trotz erbitterten Widerstands der Machos, in die Männerdomäne eingedrungen. Noch heute behaupten die schlimmsten Pantoffelhelden, es wären die Klügeren, die da nachgegeben hätten. Nun gut. Daß das

für die Männer geschaffene Regelwerk nun auch für die Frauen gilt, muß hier nur der Vollständigkeit halber erwähnt werden. Auch ist ihre Fußballsprache keine andere. So versteht man z.B. auch bei ihnen unter einem Hattrick* das Erzielen von drei Toren hintereinander und in einer Halbzeit durch ein und dieselbe Spielerin.

Bei der Spielbekleidung hätte man sich allerdings etwas anderes einfallen lassen können. Die oft einfallslos gestalteten Leibchen haben auch die Frauen zu tragen. Die Hosen ebenfalls. Dabei wäre es ein leichtes gewesen, mit einem netteren Outfit den Charme der Fußballdamen zu unterstreichen. Doch was heute nicht ist, kann morgen werden.

Heute sind in den USA von 15 Millionen Aktiven 6 Millionen Frauen. Das ist etwas weniger als die Hälfte. In Deutschland schwankt die Zahl der Aktiven so um 10 Prozent. 70 000 sollen es sein. Sportlerinnen aus diesen Reihen spielen nun eine Deutsche Meisterschaft aus, einen Cup und stellen eine Nationalmannschaft, die sogar Europa- und Weltmeister geworden ist.

Auch Hansa hatte eine kurze, aber intensive Begegnung mit dem Frauenfußball. Die im Jahre 1970 gegründete Post-Frauenmannschaft, mit ihrer Sternstunde im Jahre 1990, wo die Damen DDR-Meisterinnen und Pokalsiegerinnen wurden, stand nach der Wende wegen finanzieller Schwierigkeiten der BSG Post Rostock vor dem Aus. Hansa gab den engagierten Fußballerinnen Obdach. Die Damen bedankten sich in der Saison 1993/94 mit dem Vizemeistertitel des Nordostdeutschen Fußballverbandes (NOFV). In der Spielserie darauf eroberten sie gar die NOFV-Meisterschaft. Dann trennten sich die Wege. Die Damen gingen zum Polizeisportverein Rostock, Hansa wurde wieder zum »single«.

Fußball und die Deutschen

Dank solcher Männer wie Prof. Konrad Koch, dem Turninspektor August Hermann und Dr. med. Friedrich Reck fand der Fußball ab 1875 in Deutschland Aufnahme. Allerdings hatte er Schwierigkeiten, sich gegen die dominierenden Sportarten wie Leichtathletik und Turnen durchzusetzen – trotz engagierter Hilfe vor allem der Schüler und Studenten. Noch 1882 hatte sich der Spielererlaß des

---

* Erwähnenswert ist an dieser Stelle das Kunststück des Argentiniers Maglioni von Independiente. Beim Spiel gegen Gimnasia y Escrima am 18. März 1973 plazierte er seine drei Treffer in nur einer Minute und fünfzig Sekunden.

preußischen Ministers Goßler nur auf sogenannte deutsche Ballspiele wie Volleyball oder Völkerball bezogen. Da Fußball nicht zu ihnen gehörte, wurde er auch nicht erwähnt. Dieses Schattendasein hatte er viele Jahre zu führen. So auch im Norden. So in Mecklenburg. So auch in Rostock. Erst 1895 wurde der erste Fußballverein gegründet: Rostocker Fußballclub 1895. In Bremen und Hamburg tauchten die Gründer der dortigen Fußballvereine bereits in die Oldie-Mannschaften ab und überließen ihren Söhnen die Spielplätze. 15jährig sind die Klubs bereits. Also schon im Rüpelalter. In Berlin und Leipzig krochen die Vereine mit ihren vier und zwei Jahren noch in der Krabbelstube umher. In Erfurt ist man mit Rostock gleichaltrig und der später so erfolgreiche FC Nürnberg ist sogar fünf Jahre jünger. Deutschland tat sich eben schwer. Aber man mühte sich. Der Rostocker FC 1895 mühte sich auch. Seine Erfolgsliste ist trotzdem so karg wie das Land. Elf Jahre – komisch, gerade wieder elf – nach der Gründung gab es dann einen Lichtblick. Die Rostocker wurden mecklenburgische Landesmeister.

Für die RFC-Mannen reichte es jedoch nur zu Meisterehren in der Fußballprovinz. Das Leistungsniveau der damaligen Spitzenklubs wie zum Beispiel Hertha BSC Berlin, Dresdner SC, Schalke 04 und FC Nürnberg blieben unerreicht. Fußball spielte auch nach dem ersten Weltkrieg eine untergeordnete Rolle in Mecklenburg. Andere Sportarten waren wichtiger. Ganz finster sah es zur Nazizeit aus. Die vier Mammutvereine, die der besseren politischen Kontrolle wegen aus den zwölf Rostocker Sportvereinen gebildet wurden, machten überregional nicht von sich reden. Der Rostocker Fußballclub 1895 war bald Geschichte.*

---

* Seit dem 1. Januar 1997 gibt es ihn jedoch wieder. Unter dem offiziellen Namen Rostocker Fußball-Club von 1895 wird in vier Männermannschaften, zwölf Nachwuchsteams und einer Traditionself wieder gekickt. Das ist am 29. Oktober 1996 beschlossen worden. An diesem Tag trennte sich die Fußballsparte vom Hauptverein TSV Grün-Weiß Rostock und knüpfte bewußt an eine über hundertjährige Tradition Rostocker Vereinsfußballs an.

Auch nach dem zweiten Weltkrieg blieb Mecklenburg das Hinterletzte. Zumindest im Fußball. Zwar spielte man bereits 1946/47 die erste Landesmeisterschaft Mecklenburg-Vorpommerns aus, doch in den obersten Leistungsregionen des ostdeutschen Fußballs kam Mecklenburg nicht vor. Auch die SG Rostock-Süd nicht. Sie setzte sich zwar gegen die SG Greifswald sowie die SG Schwerin durch und wurde der erste Landesmeister, aber das war es dann auch.

Was nun in Mecklenburg-Vorpommern folgte, war ein kaum noch übersehbares Durcheinander. Heute ist es schwer, über die vielen Vereinsgründungen, -zusammenlegungen und -auflösungen nicht den Überblick zu verlieren. Die Verwaltungsreform, die aus den damaligen Ländern Bezirke machte, brachte weitere Unruhe in die organisatorischen und sportlichen Bemühungen. Die Landesmeister von 1948, die SG Schwerin, und von 1949, die SG Wismar-Süd, kamen beide unter ihren neuen Vereinsnamen Anker Wismar und Vorwärts Schwerin in die gerade geschaffene DDR-Oberliga. Doch sie stiegen gleich wieder ab. Nur Anker Wismar gelang nochmals der Sprung in die Oberliga, aber dann kam endgültig die Zweit- und Drittklassigkeit. Die oberen Fußballregionen schienen für Rostock, ja für Mecklenburg-Vorpommern mit den jetzigen Bezirken Rostock, Schwerin und Neubrandenburg unerreichbar zu sein. Das schmerzte. Vor allem die Höheren von Bezirk und Partei. Es schmerzte umso mehr, weil im Süden die leistungsstarken Fußballvereine boomten und die DDR-Bürger in die Stadien stürmten.

Seit dem 27. Juni 1954 hat Rostock eine große Sportarena: das Ostseestadion. Neben dem Volksstadion, einer altersschwachen Sportanlage aus dem Jahre 1928, verfügte die Stadt nun über ein für damalige Verhältnisse schmuckes Stadion. 236071 freiwillige und unbezahlte Aufbaustunden hatten die Rostocker geleistet und damit im Nationalen Aufbauwerk einen Wert von 928018,20 Mark geschaffen. Doch allzu häufig stand das Stadion leer. Fußball wurde hier kaum gespielt. Das sollte sich nach Wunsch von Karl Mewis, SED-Bezirkschef, und seinem Mitarbeiter Karl Zylla ändern. Beide wollten die Hafen- und Universitätsmetropole aufpeppen. Hier hatte das neue DDR-Leben nur so zu pulsieren. Die Rostocker sollten sehen, daß es vorwärts- und aufwärtsging. Sie sollten von der gemeinsamen Sache überzeugt werden. Dazu mußte eben Fußball her und natürlich eine Mannschaft, die siegen konnte. Doch woher nehmen und nicht stehlen? Oder war es wieder Zeit für eine der kleinen Ausnahmen?

Im Erzgebirge gab es ja genug Fußballmannschaften. Die spielten sogar siegreich. Und da war doch diese Mannschaft aus Lauter ...

Karl Mewis und seine Mannen faßten einen Plan. Mit einem Coup von noch nicht gekannter Dimension wollten die Rostocker Lokalgrößen Abhilfe schaffen.

Lauter Entsetzen

Es war wie im Märchen. Hinter den sieben Bergen, im Erzgebirge, hatte sich, auch ohne Hilfe des lieben Schneewittchens, die Mannschaft eines kleinen Dorfes bis hinauf in die höchste Spitze des DDR-Fußballs gekickt. Lauter tolle Fußballspieler spielten im Dorf Lauter. Weil es die Zeit so mit sich brachte, nannte sich die Mannschaft Freiheit und nach ihrem Trägerbetrieb Wismut.

Anfang der fünfziger Jahre kam endlich der große Durchbruch, denn am Ende der Saison 1951/52 standen die Fußballer an der Spitze der Südstaffel. Damit stiegen sie auf in die DDR-Oberliga. Kurz zuvor, eigentlich noch während der Saison, hatte man gerade wieder einmal alles umgemodelt in Ostdeutschland und eine einheitliche Förderung des Betriebssports beschlossen. Die Lauterer kamen von der Wismut zur Organisation der Handels- und Lebensmittelbetriebe und nannten sich nun Empor. Der Name konnte nicht passender sein. Lauter war ja in die besagte Oberliga emporgestiegen. Das war schön. Für das Erzgebirge, aber besonders für das Dorf Lauter.

Der ehemalige Lauter- und spätere Hansa-Spieler Kurt Zapf ist noch immer der meistbefragte Zeitzeuge. Er erinnert sich: »Lauter und seine Fußballmannschaft waren so etwas wie eine Familie. Gemeinsam hatte man sich von unten nach oben gekämpft, Siege gefeiert, Niederlagen verkraftet, sich gegenseitig Mut gemacht in der harten Zeit des Anfangs der DDR.« Aber dieses Glück sollte nur von begrenzter Dauer sein.

Das Dorf ahnte nichts Böses, da war die Operation bereits in vollem Gange. Karl Zylla war schon fast dabei, die Mannschaft zu verladen. Aber erst einmal wurde das Dorf Lauter verladen. Darin kannte man sich schon damals aus. Die Lauterer Mannschaft sollte in einem Monat woanders Fußball spielen, ließ Karl Zylla unterschwellig bekannt werden. Diesem Gerücht folgte sofort ein Dementi aus seinem Hause. Mit dem wurde nicht der Sachverhalt an sich zurückgewiesen, man bezog sich stattdessen auf die Zeitangabe: »Wo denkt ihr hin, Genossen. Nächsten Monat schon! Wie unsinnig. Wie sollten wir so schnell für Arbeitsplätze, Wohnungen, Freunde und Heimatgefühl in Rostock sorgen?« Zapf hielt das für einen Trick. »Zum einen war die Tatsache, daß die Mannschaft verpflanzt werden sollte, nun ein öffentliches Thema, andererseits widersprach man vor

aller Leute Ohren dem eigenhändig ausgestreuten Um-
zugstermin, den man gar nicht einzuhalten gedachte.«

Doch das Volk macht nicht immer alles mit. Das Dorf
kochte vielmehr in seiner Seele, als es von lukrativen Angeboten an seine Spieler hörte. Arbeit und Wohnungen
wollte man ihnen umgehend besorgen. Und das in dieser
problematischen Zeit! Die Spieler-Frauen sollten schon an
die Ostsee eingeladen worden sein. Dann sickerte durch,
daß die Widerstandsfront innerhalb der Mannschaft zu
bröckeln begann. Trainer Pfau, sowieso als Fischkopp ver-
schrien, weil aus Wismar stammend, konnte als U-Boot
ausgemacht werden. Das Dorf probte den Aufstand. – Ohne
Erfolg. Die Drahtzieher des Küstenbezirks brauchten die
Karl-Marx-Städter Genossen lediglich an ihre Solidaritäts-
verpflichtung zu erinnern.

Daran konnte selbst der offene Aufruhr im Dorf nichts
ändern. Trotz größter Geheimhaltung hatten die Leute erfahren, wann und mit welchem Zug die Spieler den Hinter-
wald verlassen sollten. Kurt Zapf: »Was nun folgte, läßt sich
nicht mehr ohne Rührung beschreiben: Während die Männer vom Möbeltransport nicht daran gehindert werden
konnten, Tisch und Stühle, Sack und Pack aufzuladen und
wegzufahren, versuchten einige, die Spieler zu überzeugen,
doch noch zu bleiben und ihren eheähnlichen Verpflichtun-
gen im Lauter-Dorf nachzukommen. Erfolglos. Es half auch
nicht, daß der abfahrende Zug noch im Bahnhofsbereich von
verzweifelten Fußballfans zum Halten gezwungen wurde.
Weder Tränen noch Verwünschungen nutzten etwas. Man
raubte ihnen die Mannschaft!«

Am 14. November 1954 stand Empor Lauter dann als SK
Empor Rostock* auf dem Rasen des Ostseestadions und
trotzte dem haushohen Favoriten Chemie Karl-Marx-Stadt
ein 0:0-Unentschieden ab.

---

* Apropos SK: Ohne großen Wirbel übernahm man eines Tages die englische
Schreibweise des Wortes Klub, also die mit »C«. Heute ist kaum herauszu-
finden, wer es wann beschlossen hat.

Adoptierte Fußballer

Als die Lauterer in Rostock ankamen, war das Bett noch nicht gemacht. Weder mit den Arbeitsplätzen, noch mit den Wohnungen ging alles so reibungslos, wie es versprochen worden war. Die Bauarbeiter waren schlicht noch nicht so weit. Die Fußballer mußten ins Hotel. Das »Meck«, wie der Mecklenburger Hof im Volksmund hieß, wurde ihr Zuhause. Dort hielt sie der Trainer Oswald Pfau wie in einem Kloster unter Kontrolle. Nachts ging er Streife auf den Fluren. Weder am Rostocker Nachtleben (damals gab es hier so etwas), noch am Bierkonsum sollten seine Kicker übermäßig beteiligt sein.

Trotz allem blieb Rostock attraktiv für sie. Die Spieler hatten das Urlaubsparadies Ostsee vor der Tür, lukrative Arbeitsplätze in Aussicht, ein eigenes großes Stadion vor der Nase und eine rosige Zukunft vor den Augen. Die sportliche Perspektive in Lauter – in unmittelbarer Nähe solcher Fußball-Größen wie SC Turbine Erfurt (damals Meister), Wismut Karl-Marx-Stadt oder Motor Zwickau – war nicht gerade toll gewesen. Die Mannschaft aus dem kleinen Lauter konnte sich an den Fingern abzählen, daß sie auf Dauer dem Druck der leistungsstarken Nachbarn nicht standgehalten hätte und abgestiegen wäre. So sah das wohl auch jeder einzelne Spieler. Stopper Kurt Zapf, Torwart Rudi Leber und sein Stellvertreter Hermann Roth, die Verteidiger Gerhard Schaller und Karl-Heinz Singer, die Läufer Rudi Schneider und Karl Pöschel, die Stürmer Rolf Leeb, Herbert Zwahr sowie Arthur und Franz Bialas schlugen ihre Zelte in Rostock auf.

In Karl-Marx-Stadt, Aue oder Zwickau wurden diese Spieler allerdings »gnadenlos ausgepfiffen«, sagt Kurt Zapf. Lange verziehen es ihnen die Fußballanhänger nicht, daß sie das Arzgebirg und ihr Dorf Lauter »verraten« hatten. Das kann man den Leuten nicht verdenken und nachsehen kann man es ihnen heute auch.

Eine Wiedergutmachung für den in Lauter entstandenen Schaden ist niemals ernsthaft ins Auge gefaßt worden. Sie

Mit dem blutjungen Jürgen Heinsch (ganz links) stellen sich 1960 Karl-Heinz Singer (2. v.l.), Karl Pöschel (3. v.l.) und Kurt Zapf (2. v.r.) aus der Lauter-Truppe dem Fotografen. Ebenfalls dabei: Heinz Minuth (4. v.l.), Erwin Schmidt (4. v.r.), Horst Lemke (3. v.r.) und Masseur Adolf Klinkmann (ganz rechts).

war nicht vorgesehen, wie so vieles in der DDR. Oder doch? Jedenfalls wartet das Dorf Lauter noch heute auf eine Geste von der Ostseeküste, eine Geste des Dankes für die »Hilfe« vor 43 Jahren. Oder ist das etwa ein Thema für das »Komitee zur Aufarbeitung der DDR-Geschichte«?

Mit »Freßpaketen« auf Spielerfang

Die Elf, die nun als SK Empor Rostock um Oberligapunkte kämpfte, bestand bei ihrem ersten Spiel nur aus vierzehn Spielern. Mit Herbert Müller, Günter Bartnicki und Roland Weißpflug hatte man wenigstens zwei Spieler und einen Torwart auf der Auswechselbank. Folglich durften sich aus der Mannschaft nicht drei Spieler in einer Begegnung verletzen! In einem solchen Fall hätte der Platzwart oder sonstwer eingewechselt werden müssen.

Der Klub stand mit dem Rücken an der Wand. Bei ihm

Unverkennbar: Kurt Zapf (liegend) in einer seiner typischen Abwehraktionen.

sah es beinahe aus wie in der ganzen Republik – keine Leute, keine Leute, aber viel Arbeit. Die Klubverantwortlichen waren also ständig auf Achse. Es sollten mit allen Mitteln Männer angeworben werden, um mit ihrer Hilfe die Oberligatauglichkeit des Rostocker Empor-Kaders zu erhalten. Kurt Zapf hielt hier die »Freßpakete« für ein wichtiges Überzeugungsargument. Hinter der Bezeichnung verbargen sich schlicht die Sonderzulagen Empors, der Sportvereinigung der Handels- und Lebensmittelbetriebe der DDR. Es soll in manchen Vereinen Trainer gegeben haben, die die eigenen Spieler am liebsten gleich vom Platz nach Hause geschickt hätten, wenn so ein Besuch anstand. Auf die interessierte Frage, wer denn dieser oder jener Spieler sei, hätten sie dann auch lieber gelogen. Aber was sollten sie machen? Die Metropole hatte den längeren Arm und die lockenden Sonderzulagen, die wohl bei Spielern innerhalb und außerhalb der Sportgemeinschaft Empor wirkten. Sagte man. »Es gab aber auch Vereinsführungen, die stolz darauf waren, Spieler zum Klub dirigieren zu können«, so Kurt Zapf. Aus Warnemünde kam jedenfalls Günter Bartnicki, Herbert Müller aus Meißen und Horst Zedel aus Wurzen. Von der DSG Wismar stießen Heinz Minuth sowie Herbert Holtfreter zur Mannschaft. So verstärkte man sich rasch mit Spielern aus der eigenen Region und von auswärts. Aber mit 17 Mann war Rostock auch noch nicht aus dem Gröbsten heraus, zumal sich zeigte, daß die Leistungen von Günter Bartnicki und Roland Weißpflug unter den Erwartungen blieben. Kam hinzu, daß Herbert Müller, Direktor in einem Meißener Betrieb, nicht immer zur Verfügung stand. Angesichts dieser Umstände war der 9. Tabellenplatz am Ende der Spielsaison 1954/55 sogar ein Erfolg. Erfolgsgarant war in dieser ersten Empor-Rostock-Saison der von uns befragte Stopper Kurt Zapf. Auch in den kommenden Jahren hatte Rostock in ihm einen der zuverlässigsten Leistungsträger. Erst 1967, also schon im Hansa-Trikot, hängte er seine Töppen an den Nagel. Eine Fußballegende war er schon damals.

Von der Sowjetunion lernen ...

Das Jahr 1955 hatte es in sich. Die Rostocker wurden »DDR-Vizemeister«. Leider spielte Ostdeutschland in diesem Jahr nur eine Halbserie aus. Der Spielbetrieb sollte – wie wir gleich erläutern – umgestellt werden. Es gab also nur eine Übergangsrunde ohne Meistertitelvergabe und Abstieg.

Zehn Spiele hintereinander blieben die Mannen um Trainer Oswald Pfau ungeschlagen. Das war ein stolzer Erfolg. Doch er verkleisterte die Augen. Es gab neben der Unterschätzung der gegnerischen Mannschaften auch erste Anzeichen der Selbstüberhebung. Spieler und Funktionäre glaubten, die schwierigste Entwicklungsphase gemeistert zu haben und hegten unrealistische Erwartungen. Schnell, nämlich bereits in der anschließenden Saison, wurde der Klub wieder auf den Boden der Tatsachen zurückgeholt. Der SC Empor Rostock wurde zweitklassig.

Doch zuvor kam es zur erwähnten Umstellung des Spiel-

betriebs vom Frühjahr/Herbst-Rhythmus auf das Kalenderjahr nach sowjetischem Vorbild. »Von der Sowjetunion lernen, heißt siegen lernen« – nach diesem Motto übernahm die DDR Mögliches und Unmögliches aus der UdSSR. Zum Unmöglichen gehörte der Spielbetrieb von Januar bis Dezember. Was unter den klimatischen Bedingungen der Sowjetunion für deren Fußballer durchaus akzeptabel schien, war für den DDR-Fußball unsinnig, richtete Schaden an und warf den Fußballsport des kleinen Landes zurück. Es sollten wieder einmal jene recht behalten, die da hinter vorgehaltener Hand und aufgesetztem Sächsisch den Slogan in »Von der Sowjetunion lernen, heißt siechen lernen« umdeuteten. Das Experiment mißlang also. 1961 wurde wieder auf die bislang übliche Frühjahr/Herbst-Saison umgestellt.

Nur kleine Schönheitsfehler

Nach dem Abstieg 1956 folgte der sofortige Aufstieg. Es kamen die Trainer Heinz Krügel (1957) und der legendäre Walter Fritsch (1959). Der stützte sich in seiner ersten Spielserie auf den alten Stamm und baute mit Werner Drews und Wolfgang Barthels zwei neue Spieler ein. Schon ein Jahr später folgten der umstrittene, aber leistungsstarke Herbert Pankau, Jochen Ernst, Dieter Wruck und dann Manfred Rump, Gerhard Sackritz und Klaus-Dieter Seehaus. Mit ihnen mischte Empor vorne mit.

Es war schon traurig zu erleben, wie diese Truppe dann dreimal hintereinander am Meistertitel vorbeischrammte. Jedes Jahr rief – wie schon bei dem märchenhaften Wettlauf zwischen Hase und Igel – eine andere Fußball-Elf: »Ick bün all hier!« Bei den »Hase-und-Igel-Meisterschaften« schnappte ihnen 1962 der ASK Vorwärts Berlin, 1963 der SC Motor Jena und 1964 der SC Chemie Leipzig die Krone vor der Nase weg. 1968 passierte das Malheur noch einmal. Da tröstete es wenig, daß Gerd Kostmann, das hanseatische Goldköpfchen, zweimal Torschützenkönig der DDR-Oberliga werden konnte: in der Saison 1967/68 mit 15 Treffern und ein Jahr später gar mit 18. Damit folgte er Arthur Bialas, der 1961/62 als erster »Rostocker« diese Trophäe errang. Aber wie gesagt, auch mit den Kostmann-Toren reichte es nur zum zweiten Platz. Daß es bei den FDGB-Pokalspielen ebenfalls nicht zu mehr langte, bestärkte die Spötter. Es fehlte eben der letzte Schritt, die zündende Spielidee, der öffnende Paß, die verblüffende Finte – aber auch die letzte Anstrengung: 1955 schlug der SC Wismut Karl-Marx-Stadt die Empor-Truppe 3:2 nach Verlängerung und wurde Pokalsieger; 1957 war es der SC Lokomotive Leipzig mit 2:1 nach Verlängerung; 1960 war es SC Motor Jena wiederum mit 3:2 nach Verlängerung; 1967 wurden die Rostocker von der BSG Motor Zwickau, diesmal klar mit 3:0, und dann 1987 vom 1. FC Lok Leipzig mit 4:1 besiegt.

All das verhinderte nicht, daß sich Rostock in den 60er Jahren zu einem attraktiven Leistungszentrum entwickelte. Mit Herbert Pankau, Heino Kleiminger, Klaus-Dieter Seehaus, Jürgen Heinsch, Wolfgang Barthels und Werner Drews hatte der Klub Auswahlspieler in seinen Reihen. Ein besonderer Erfolg für den SC Empor Rostock war auch der Gewinn der Bronzemedaille durch die DDR-Mannschaft bei den Olympischen Spielen 1964 in Tokio. Denn mit Pankau,

Eine der erfolgreichsten Hansa-Mannschaften wenige Jahre nach der Klub-gründung. V.l.n.r.: Sackritz, Barthels, D. Wruck, Habermann, Hergesell, Drews, Seehaus, Kostmann, Rump, Heinsch, Pankau. Aufgenommen 1968.

Seehaus, Heinsch und Barthels stellte der Klub vier Spieler für das Team.

In dieser Zeit ging es also trotz der genannten Schön-heitsfehler empor mit Empor. Die Rostocker bestimmten das Fußballniveau mit. Doch eben nur landesweit, in die-sem Schuhkarton von DDR. Die Staats- und Parteioberen wollten mehr. International beachtete Siege mußten her. Das täte dem Renommee gut! Wie Kasperle aus dem Sack zauberten sie dann einen Beschluß aus der Westentasche. Eigenständige Fußballklubs wurden gegründet, auf daß es den DDR-Fußballsport belebe. Die Fußballsektion des SC Empor Rostock wandelte sich zum eigenständigen Klub. Am 28. Dezember 1965 erblickte der FC Hansa Rostock das Licht der Welt.

Der Vorsitzende des neuen Fußballklubs, Heinz Neu-kirchen, leistete sich gleich zum Wiegenfest bei seinem Versprechen an Partei- und Staatsführung einen Verspre-cher. Er erklärte, »daß wir unseren besonderen Ehrgeiz darin sehen, die leider bisher nicht errungene Deutsche

41

Meisterschaft ... eines Tages zu erobern«. – Natürlich hatte er die DDR-Meisterschaft gemeint, die er neben dem FDGB-Pokal gewinnen wollte. Der FC Hansa Rostock sollte beides tatsächlich »erobern«. Aber erst 1991, nachdem die DDR aus allen Nähten geplatzt war.

Daß der Versprecher des Versprechers eines Tages auch Wahrheit wird und der FC Hansa Rostock sich die Deutsche Meisterschaft erspielt, würde sich natürlich jeder Hansafan wünschen.

Die Kogge über und unter Wasser

Wie der neuzugründende Klub heißen sollte, darüber gab es im Vorfeld heftige Diskussionen. Im Rahmen der so beliebten Umfragen nannten die Rostocker Fußballfreunde den Namen »Hansa« unter 126 verschiedenen Namensvorschlägen am häufigsten. Als Symbol erwählte die Klubleitung die hanseatische Kogge, den Rostocker Greif und das Blau-Rot-Weiß der Stadtfarben. Der Maler Karl-Heinz Kuhn erschuf dann das Logo. Dem damaligen Geschmack gemäß geriet es bildhaft. Heute würde man mehr stilisieren. Aber die Kogge mit allem Drum und Dran hat sich durchgesetzt. Auch als für den Bundesligisten FC Hansa Rostock e.V. das Emblem wieder auf der Tagesordnung stand, entschied sich die Mehrheit für die Beibehaltung der Kogge mit dem in Rot gehaltenen bauchigen Rumpf, seinem blauen Rahsegel mit dem Rostocker Greif in Weiß darauf und dem Mastkorb darüber.

Die mit der Klubgründung verbundene Hoffnung auf international beachtete Erfolge sollte sich in Ansätzen erfüllen. Zwar hatte man seit 1963 mit unterschiedlichem Erfolg an den Intertoto-Runden des europäischen Fußballverbands teilgenommen und manchen Achtungserfolg errungen, aber erst in den Messe-, UEFA- und Meistercupspielen konnte Hansa international aufhorchen lassen. Bei Heimspielen rupften die Hanseaten so manch renommiertem Klub die Federn. So verloren 1968 OGC Nizza (0:3),

Hansa international: Europacup der Landesmeister 1991/92. Leider wird das Auswärtsspiel gegen den FC Barcelona 0:3 verloren.

der AC Florenz im selben Jahr (2:3), Panionios Athen 1969 (0:3), Inter Mailand im selben Jahr (1:2) und der FC Barcelona 1991 (0:1). Daß auswärts meist verloren wurde, ließ Hansa nie über die 1. oder 2. Runde der Cupspiele hinauskommen und die hochfliegenden Hoffnungen auf internationale Anerkennung heftig »wassersaufen«. In den Berichterstattungen führte das unweigerlich zu Schlagzeilen wie »Hansa-Kogge untergegangen«, »Beim Anlegen leck geschlagen«, »Bei zu hohem Seegang versteuert« usw.

Mit der Hansa-Kogge im Kopf wurden von den Journalisten dann nicht nur Spiele, sondern ganze Spielperioden analysiert. So stammt das Bild vom Rettungsanker, den die Hansa-Kogge gebraucht hätte, aus den siebziger Jahren. Denn über der Kogge schlugen die Wellen des zu hohen Anspruchs ein ums andere Mal kräftig zusammen. Die Ziele des Klubs waren in dieser Zeit unrealistisch, mit Stürmen und Untiefen wurde nicht gerechnet, stets war Schönwetter angesagt. Folglich sauste die Kogge zwar auf

Torwartschreck Streich in Aktion. Das Fußballänderspiel DDR-Mexiko vom 18. 09. 1971 endet 1:1.

hohe See, aber bald auch in stürmische Gewässer, schlug dort an mancher Klippe auf und versank ... in die Zweit-klassigkeit.

1975/76 war es nach 1957 wieder einmal so weit: Die Rostocker spielten in der DDR-Liga. Doch auch in den folgenden Jahren manövrierten sie des öfteren in das Wellental des Abstiegs, um mit der nächsten Welle wieder obenauf zu sein. Dabei gab es gerade in dieser Zeit Ausnahmespieler im Hansa-Trikot. Gerd Kische bestritt 181 Oberligaspiele für Hansa, dazu kamen 63 Länderspiele. 1976 wurde er in Montreal mit der Nationalmannschaft Olympiasieger. Rostocks Torschütze par excellence Hans-Joachim Streich ging 141mal mit dem Hansa-Trikot ins Spiel. 102mal spielte er in der Nationalmannschaft, davon 43mal in seiner Hansa-Zeit. Auch er gehörte zu den Weltmeisterschaftsteilnehmern 1974. Mit ihm hatte Rostock bis 1975 einen treffsicheren Stürmer, dem es nur an Mitspielern mangelte, die ihn in die toraussichtsreichen Positionen spielten.

Streich verabschiedete sich zusammen mit Hansas Oberligazugehörigkeit. Aber er hatte die Rechnung ohne den Wirt gemacht. Der bestand auf Vertragseinhaltung. Den Weggang zu verhindern, war allerdings nicht möglich. Nur konnte Streich nicht wie gewünscht nach Jena gehen. Er spielte fortan in Magdeburg.

Die siebziger Jahre waren wie gesagt stürmisch für die Hansa-Kogge. Männer wie Thomas Doll, Rainer Jarohs, Axel Schulz und Jürgen Uteß – allesamt Nationalspieler – stiegen in den folgenden Jahren mit Hansa auf und ab.

Doch das hatte nicht nur sportliche Gründe. Die Sport-führung der DDR hatte Ende der 60er Jahre einen folgen-reichen Beschluß erlassen. Diesmal ging es um die Spie-lergehälter. Bis dato hatte es Spielprämien gegeben. Sie wurden abgeschafft. Fußballer sollten nicht unverhältnis-mäßig mehr verdienen als der normale DDR-Werktätige. Die Absicht war gewiß ehrenwert, doch kamen die Herren damit zu spät. Die Bezüge der Fußballer hatten sich schon meilenweit von den Gehältern eines Otto-Normalverbrau-chers entfernt. Bei den Spielern mußte der Beschluß also auf Unzufriedenheit stoßen. Auch auf Seiten der Klubs war man nicht sehr begeistert. Dort wurde zu Recht befürchtet, daß die Spielmotivation nachlassen würde. Einige Vereine behalfen sich mit illegalen Zahlungsformen. Nicht so der FC Hansa. Für ihn führte die zentrale Sportführung die Konten. Die Betriebe hatten zwar dafür zu zahlen, aber Ver-walter war der DTSB. Auch die Partei hatte ein Auge dar-auf. Und die Partei gab sich knauserig. 670 Mark standen auf dem Gehaltsstreifen. Insofern dürfte die Behauptung gar nicht so aus der Luft gegriffen sein, daß Hansa hinab in die Liga gespart wurde.

Turbulente Zeiten

Als es für die DDR langsam dreizehn schlug, hatte sich Hansa gerade wieder etwas erholt. Die Mannschaft fe-stigte ihre Oberligazugehörigkeit mit einem 9. (1987/88), einem 4. (1988/89) und einem 6. Rang (1989/90), ehe der

45

Nationalspieler Axel Schulz: Hier im Oberliga-Aufstiegsrundenspiel FC Hansa – BSG Chemie Böhlen vom 4. 05. 1980. Hansa gewinnt 1:0.

Klub dann endlich 1991 die Meisterschaft und den Pokal gewann. Unter Führung des neuen Nordostdeutschen Fußball-Verbandes (NOFV) machte sich der FC Hansa in der Saison 1990/91 wie all die anderen DDR-Klubs auf, um in den bezahlten Fußball zu kommen. Zwei Mannschaften konnten sich für die 1. Bundesliga und vier für die 2. qualifizieren. Für alle Klubs ging es ums Überleben. Sportlich wie geschäftlich. Denn der große Ausverkauf des ostdeutschen Fußballs hatte bereits begonnen. Fast jeder Westverein versuchte, mit billigen Ost-Schnäppchen das eigene Leistungsvermögen zu heben und das Image aufzupolieren. Auch Hansa mußte Federn lassen. Die bekannt gute Nachwuchsarbeit in Rostock zog Werber an. Finanzstarke Klubs holten sich Talente wie Carsten Jancker nach Köln, Sebastian Hahn nach Uerdingen, Mario Pagels nach Dortmund und Ricardo Baich nach Hamburg. Stürmerstar Henri Fuchs unterschrieb heimlich einen Vertrag mit dem 1. FC Köln. Spät versuchte man zu retten, was noch zu retten war. Der Hansa-Vorstand beschloß trotz angespannter finanzieller Situation, vorerst keine Spieler zu verkaufen und sich stattdessen einen Trainer aus dem Westen zu holen. Dietrich Kehl, 101mal im Hansa-Dress und in den schwierigen Monaten des Umbruchs Mitarbeiter des Bundesligisten, hatte die Idee, knüpfte die ersten Kontakte und stellte die Verbindung her. Ihm ist es vor allem zu verdanken, daß Uwe Reinders nach Rostock geholt wurde.

Der Bremer kam aus Braunschweig an die Küste. Die Braunschweiger Eintracht hatte er bisher trainiert. Optimistisch und mit hochgekrempelten Ärmeln traf er bei Hansa ein. Seine Erstbegegnung mit der Truppe fiel allerdings nicht gerade berauschend aus. Im Übungsspiel gegen GAIS Göteborg vermeinte er, die Amateurelf oder die zweite Mannschaft auf dem Platz zu sehen. Es war aber die erste mit Weichert, Fuchs, Schlünz, Weilandt, Dowe und Röhrich, die mit einem 0:6 vor den Augen ihres neuen Trainers sang- und klanglos unterging. Wie Reinders nun die Mannschaft vom mageren 1:1-Eröffnungsspiel gegen den Eisenhüttenstädter FC Stahl über den 0:3-Auswärtssieg in Jena und die Siege in Berlin, Chemnitz und schließlich zu Hause gegen den spielstarken Konkurrenten Dynamo

Dresden zur Meisterschaft und zum besagten Pokalsieg führte, nötigt Respekt ab.

Das Bundesliga-Abenteuer Nr. 1 begann 1991/92 und mit großer Kapelle. Drei Paukenschläge vorweg: 4:0-Sieg zu Hause gegen Nürnberg, 2:1-Sieg auswärts gegen den Rekordmeister FC Bayern München, 5:1-Sieg gegen Dortmund ... Rostock war wirklich auf dem Weg zur Deutschen Meisterschaft. Doch am Ende fehlte ein Punkt zum Klassenerhalt. Hansa hatte eklatante Schwächen gezeigt. Auf dem Spielfeld und in der Chefetage. Trainerwechsel, Querelen und Stühlerücken im Vorstand. Unruhe in nahezu allen Bereichen. Die Eliteliga war noch eine Nummer zu groß.

Nach dem Verschleiß von drei West-Trainern (Reinders, Rutemöller, Hrubesch) mußte der »Feuerwehrmann« wieder ran: Jürgen Heinsch, bereits zweimal ins Traineramt berufen, sollte in der 2. Bundesliga wieder alles richten. Dank seiner soliden Arbeit konnte er dem neuen Trainer Frank Pagelsdorf eine intakte Mannschaft übergeben. Für eine Neuformierung bot sie eine gute Grundlage. Sieben Spieler wurden ausgemustert, neue kamen, die der Ex-Unioner Pagelsdorf feinfühlig in die Mannschaft einbaute. Mit diesem Trainer und dem Tatmenschen Dr. Peter-Mi-

Co-Trainer Jürgen Decker, Juri Schlünz, Paul Caligiuri und Mike Werner bejubeln ihren Pokalsieg. Die Mannschaft gewinnt das Endspiel gegen den EFC-Stahl mit 1:0.

1991 ist Bundesligapremiere. Die erste Begegnung wird mit dem Traumergeb-
nis 4:0 gewonnen. Bei diesem Spiel präsentierte sich ein drangvoller Roman
Sedlacek bei den Hanseaten, hier attackiert von Jörg Dittmar.

chael Diestel als Klub-Chef gelang der Wiederaufstieg und
der Durchmarsch fast bis hinein in die UEFA-Platzränge.
Doch es sollte nicht sein. Kurz vor dem großen Ziel fing
man die jungen Himmelsstürmer (24,3 Jahre war das
Durchschnittsalter der Mannschaft!) noch ab.

Das verflixte zweite Jahr

Viele hatten es befürchtet. Trainer Pagelsdorf hatte es oft
genug gesagt: Das verflixte zweite Bundesligajahr würde
kein Segeltörn und auch keine Lustparty sein. Wenn der
Trainer von Zielen in der Saison 1996/97 sprach, klang es
vor allem nach Sicherung des Klassenerhalts. Doch so recht
glauben wollten ihm das wenige. Der Vorjahressechste

49

hatte zu eindrucksvoll aufgespielt. Keiner konnte sich vorstellen, daß das alles Schnee von gestern sein könnte. Am
wenigsten die Spieler. Doch als der erste Schnee fiel
und der Herbstmeister Bayern München triumphierte, da
steckten die Hanseaten tief im Abstiegsstrudel auf dem
vorletzten Platz. Sollte das bereits das Ende eines Hö-
henflugs sein? Erst mit dem vorletzten Spiel der Saison
1996/97 hatte der Klub mit den Toren von Akpoborie, Beinlich und Barbarez (bei einem Gegentreffer) den Hals aus
der Schlinge gezogen. Da fiel die Niederlage gegen Schalke
nicht ins Gewicht. Man hatte Fortuna Düsseldorf, den SC
Freiburg und den FC St. Pauli hinter sich gelassen. Ein anderer Verlust schmerzte ungleich mehr. Mitten in den Freu-
dentrubel schlug die Nachricht wie eine Bombe ein: Der ge-
feierte, umsorgte und geliebte Trainer Frank Pagelsdorf
verläßt Rostock in Richtung HSV! Das hatte gerade noch
gefehlt. Nun war die Erstklassigkeit zwar in allerletzter Minute gewahrt, aber für die neue Saison sah man schwarz,
denn das Ausscheiden von Hofschneider, Beinlich und Akpoborie stand bereits fest. Mit ihnen verließ die Spielachse
den Klub. Auch Präsident Peter-Michael Diestel hatte dem
Verein den Rücken gekehrt, ebenso der Hauptsponsor
»Daewoo«. Was fehlte eigentlich noch zu einem Horror-
szenarium?

Friedrich Hölderlin sagte einmal: »Ein Gott ist der
Mensch, wenn er träumt; ein Bettler, wenn er nachdenkt.«

Angesichts der bestehenden Situation blieb der Hansa-
Führung allerdings nichts anderes übrig, als beides zu tun:
zu träumen und und vor allem intensiv nachzudenken.

Ehe aber die eigenen Träume zu Alpträumen werden
konnten, fruchteten Nachdenken, Entschließen und Handeln. Bald kam gute Kunde aus Graz: Der Rostocker Jens
Dowe verstärkt Hansa in der nächsten Saison. Gleichfalls
Gutes war aus Lodz zu hören: Der Wechsel von National-
stürmer Slawomir Majak nach Rostock wurde angekün-
digt. Aus den eigenen Reihen hielten die Verantwortlichen die Nachwuchsspieler Daniel Klewer, Björn Laars,
Marco Laaser und Enrico Röver für bundesligatauglich

Oben: Hansa zieht mit dem 3:1-Sieg gegen Bielefeld seinen Kopf aus der Schlinge

Unten: Das letzte Spiel der Saison 1996/97 verliert Rostock gegen Schalke. Macht nichts. Die Zuschauer freuen sich über den Klassenerhalt.

Alles Gute kommt von oben: Pünktlich zu Saisonbeginn schwebte die Geschäftsführung des neuen Nebensponsors, der Lübzer/Holsten Bierbrauerrei, mit Fallschirmen ins Stadion.

und verpflichteten sie als Vertragsamateure. Der Kroate Igor Pamic soll künftig für Hansa Tore schießen. Um das Glück perfekt zu machen, fand Hansa in Ewald Lienen einen Trainer, der »zu uns paßt«, wie Lizenzchef Herbert Maronn betonte. Selbst das leidige Problem mit der Diestel-Nachfolge wurde geklärt: Der stellvertretende CDU-Landesvorsitzende Eckhardt Rehberg wurde gewählt, nahm die Wahl an und brachte sein Team, also Rainer Jarohs, Manfred Wimmer und Bernd Ziemer mit.

Nun fehlte nur noch der Hauptsponsor. Aber das kannte man schon aus den vergangenen Jahren. Die Hauptsponsoren wie Bluna, Höffner oder Daewoo sind immer in allerletzter Minute präsentiert worden. So war es auch diesmal. Auf den Trikots der Hansa-Spieler zeigt sich in der Saison 1997/98 das Lüneburger Textil-Unternehmen Roy Robson als Hauptsponsor. Aber auch der Co-Sponsorenbereich ist größer geworden, so mit den Farben der Lübzer/Holsten-Bierbrauer und weiterer 16 Firmen.

Zu Beginn der neuen Saison gab es also keinen Grund, sich zu beschweren. Rostock hatte schwierige Hürden zu nehmen und tat dies mit Erfolg. Damit war der Kopf wieder frei für das nächste Abenteuer des einzigen Ostvereins in der 1. Bundesliga.

WARUM FUSSBALL SO IST, WIE ER IST

»Was ich am Fußball liebe ist doch: ungerecht sein, dummes Zeug reden, alles besser wissen. Was in dem Bereich, wo ich arbeite, ziemlich
streng verboten ist, kann ich beim Fußball rauslassen. Das ist nicht
nur legitim, sondern geradezu Gegenstand der Debatte, daß jeder
richtig die Sau rauslassen kann.«
(Moderator Friedrich Küppersbusch
in einem Interview mit der Fußballfachzeitschrift »Hattrick«)

... also kam man zusammen, um Fußball zu spielen

Ein geselliges Gemüt – so wird ernsthaft behauptet – gehört
zu den Hauptmerkmalen der Menschen. Seit ihrer Befrei-
ung aus dem Tierreich kennen sie kein erstrebenswerteres
Ziel, als zuhauf zu strömen. Dafür gäbe es hinreichende Be-
lege. Vom Turmbau zu Babel von anno dunnemals über die
Völkerwanderung bis zur Fußball-Weltmeisterschaft 1994 in
den USA, wo 67000 Menschen pro Spiel in den Stadien zu-
sammenströmten. Via Fernseh-Satellit sahen das Endspiel
3 Milliarden in 185 Ländern. Zeitgleich. Die Massen kamen
also zusammen.

In der Neusteinzeit Nordeuropas hielt sich das Strömen
dagegen im Rahmen. Und das hat sich nicht etwa geändert! In der Zuschauertabelle der Bundesliga 1996/97 ran-
giert Rostock auf Platz 18 und ist damit das Schlußlicht.
Insgesamt sahen 324500 Zuschauer die 17 Heimspiele. Im
Durchschnitt sind das 19088 pro Spiel. Mit 22400 kamen
zum Spiel gegen Bayern die meisten und mit 13500 gegen Düsseldorf die wenigsten. (Hattrick, 4/97) Gegen den
Tabellenführer Bayern München, dessen Zuschauerzahl
sich auf fast eine Million im Jahr und auf durchschnittlich
58058 pro Spiel beläuft, nimmt sich das recht ärmlich aus.

Doch selbst bei dem Gedanken an solch »erbärmliche«
Zuschauerzahlen wäre jedem Neusteinzeit-Mecklenburger
schwindlig geworden, denn bei ihm lebte man noch diszipli-
niert für sich allein. Erst viel später, als man meinte, endlich

In der Masse macht das Feiern am meisten Spaß. Und wenn es dann noch einen
so freudigen Anlaß wie den Wiederaufstieg in die Bundesliga gibt ...

vollzählig zu sein und eine gewisse Macht darzustellen, ge-
stattete man sich Begegnungen unterschiedlichster Art.

Unter einigen Formen des Zusammentreffens schälte
sich dann das gemeinschaftliche Zugucken heraus. Da
guckte der Mensch zu, wie andere Menschen wieder anderen Menschen bei irgendeiner Verrichtung zuguckten.
Bis in unsere Tage hat sich diese Gewohnheit erhalten.
Man braucht nur einen Bagger und ein paar Arbeiter, die
an dem erdaufwühlenden Monstrum herumstehen oder
geschäftig umherlaufen, schon bildet sich ein interes-
sierter Kreis von geselligen Leuten, die zugucken. Daher
soll auch der Spruch stammen: »Ich liebe die Arbeit! Ich
könnte da stundenlang zugucken.«

Beim Fußball ist das nicht anders. Diesem Spiel gucken
inzwischen Tausende zu. Und dieses Zugucken verbindet.
Wildfremde Menschen sitzen dichtgedrängt im Stadion,
fiebern gemeinsam mit ihrer Mannschaft. Fußball schweißt
sie zusammen. Fußball ist eben ein soziales Ereignis, eben
Geselligkeit.

»Tja!«, mit dem leichten Kopfnicken der Erleichterung steht der Mann mit dem dunkelblauen Trenchcoat auf, vertritt sich die kalten Füße. Sein Nachbar schaut hinüber zum Fanblock, wo überschäumend der 1:0-Halbzeitstand für Hansa gefeiert wird. Stefan Beinlich hatte den Erzrivalen St. Pauli schon vorzeitig auf die Verliererstraße geschickt.

Bevor der Herr im Trenchcoat seinen Nachbarn mit der Baskenmütze anspricht, nickt er noch zustimmend mit dem Kopf in Richtung Fans. Nach längerer Pause holt er zur Frage aus:

»Haben Sie schon einmal erlebt, wie sich lang verheiratete Ehepaare in einem Café gegenübersitzen können und dabei nur schweigen?«

Der Angesprochene ist etwas irritiert: Der norddeutsche Menschenschlag ist es nicht gewohnt, von der Seite angeredet zu werden. Und zu einem fußballfremden Thema im Stadion erst recht nicht.

Der Mann im Trenchcoat läßt dem Norddeutschen keine Ruhe. »Oder ist Ihnen schon mal aufgefallen, wie ein Pubertierender mit dem Wort ›Scheiße‹, ein paar Urlauten und unentwegtem Zerren an den Kleidungsstücken des Gesprächspartners versucht, sich verständlich zu machen, aber eben schmählich scheitert? Haben Sie schon einmal beobachtet, wie bewußt mancher Zeitgenosse jeder Gesprächssituation mit anderen ausweicht? Ist Ihnen schon einmal aufgefallen, daß die menschlichen Kontakte immer emotionsloser, die Kommunikation immer ärmer, die Glücksmomente im Gespräch immer geringzahliger werden? Stieß Ihnen das schon einmal auf?«

Nachdem sich der Angesprochene vom seriösen Aussehen seines Gesprächspartners überzeugt hat, findet er es angemessen, den Herrn auf einen wichtigen Umstand aufmerksam zu machen: »Wie soll ich Ihnen darauf antworten, wenn Sie mich nicht zu Worte kommen lassen«? Es dauert eine kleine Weile, ehe der Mann im Trenchcoat erwidert: »Da mögen Sie irgendwie recht haben. Aber sagen Sie, bietet die Fußball-Kommunikation nicht alles, was zu einem schönen Gespräch gehört? Oder sind Sie anderer Meinung?«

»Nein, durchaus nicht«, bestätigt der Sitzende und vermutet, daß dieses Gespräch nun beendet ist. Heute hat er genug geplaudert. Doch es stellt sich heraus, daß der Nachbar kein Norddeutscher ist. Dieser will weiterreden:

»Alle möglichen Facetten werden mitgeliefert. Da drüben fallen sich die Fans in die Arme. Sie finden Worte der Begeisterung, fachsimpeln und erleben die erste Halbzeit im Gespräch nach. Um nichts in der Welt möchte ich das missen.«

Der Mann mit der Baskenmütze läßt sich erweichen: »Mir geht es ähnlich. Es gibt nichts, was mich am Besuch eines Fußballspiels hindern könnte ...«

»... und an einem Gespräch über Fußball schon gar nicht«, beendet der Mann im Trenchcoat den Satz.

»Im Prinzip nicht. Erst aufgewärmt schmeckt ein Eintopf gut.«

Der Mann im Trenchcoat ist zufrieden und fährt fort: »Wissen Sie, gerade fünf Minuten vor Halbzeitschluß dachte ich an etwas ganz Eigentümliches.«

»Woran haben Sie denn gedacht?«, fragt der Norddeutsche mit etwas gezogener Stimme. Der Nachbar überhört das und fragt zurück:

»Können Sie sich eine schlimmere Folter für unsereinen vorstellen als die sofortige Deportation auf eine einsame Insel, auf der er nach einem turbulenten und spannungsreichen Spiel seiner Lieblingsmannschaft ganz alleine ist und bleiben muß. Wo er niemanden hat, mit dem er die Strafraumszenen besprechen, mit dem er sich über den Schiedsrichter, diese Pfeife, erregen und über das Foul in der 21. Minuten streiten kann.«

Ganz gegen seine sonstige Gewohnheit nimmt der Norddeutsche den Gesprächsfaden auf. Der Gedanke des Nachbarn hat ihn aufgewühlt: »Nein, keine Folter dürfte da heranreichen. Ich würde ja innerlich verdorren. Nicht erst nach

Tagen, nein, nach Stunden würde ich schon tief deprimiert auf jede runde Kokosnuß gucken, ob sich nicht aus ihr ein menschlicher Kopf formen ließe, mit dem ich dann sprechen könnte, um dem nahe zu sein, was mir dann am meisten fehlt: Ein Gespräch. Ein Gedankenaustausch über das gesehene Fußballspiel.«

»Und stellen Sie sich vor, gerade das ist mir vorigen Sonnabend passiert.«

»Was Sie nicht sagen!«

»Gleich nach dem Spiel wurde ich von meiner Frau ins Auto gezwungen und zum Geburtstag meiner Schwiegermutter gefahren.«

»Nein!«

»Doch.«

»Und dann?«

»Dann saßen dort nur Frauen. Und keine interessierte sich für Fußball. Meine eigene natürlich auch nicht.«

»Schrecklich.«

»In der Tat ... Und ihre Frau, mag die wenigstens Fußball?«

»Kann man so sagen, Sie hätte heute ihren Platz eingenommen.«

»Oh. Wieso denn ›hätte‹?«

»Sie ist vorige Woche gestorben.«

»Äh ... Herzliches Beileid.« Der Mann ist etwas irritiert. Um irgendwie die peinliche Pause zu überbrücken, fragt er: »Aber da hätten Sie doch die Karte irgendeinem Verwandten geben können?«

»Ging nicht. Die sind jetzt gerade alle auf der Beerdigung.«

Warum Verteidiger weiblich sind

Nun wissen wir es: Keine Widrigkeit kann den wahren Fußballfan von einem Spiel seiner Mannschaft abhalten. Da kann es regnen und schneien, die Sonne kann ins Stadion brennen, die Schwiegereltern können Geburtstag haben – all das ist unwichtig. Mit tausenden anderen Fans ist

Fußball ist Kampf ...

er dabei, wenn Fußball gespielt wird. Seit über hundert Jahren ist das so. Warum? Warum gehen die Fans immer wieder hin? Was macht das Spiel so anziehend? Suchen sie die Gemeinschaft mit den anderen?

Fest steht: Das Ringen um den Ball, der in eines der beiden Tore geschossen werden soll, scheint für viele mehr zu sein als ein bloßes Herumgekicke! Nicht wenige sagen, das Fußballspiel ist ein Abbild des Lebens. Man erlebe die gesamte Tragödie und Komödie der menschlichen Existenz in 90 Minuten. Das wäre zumindest eine Erklärung für die ungeheure Anziehungskraft dieses Spiels.

Im Kampf um den Ball greifen die einen an, und die anderen verteidigen. In Windeseile können aber die Verteidiger zu Angreifern werden und die Angreifer zu Verteidigern, weil sich das Blatt des Spieles wendet. In der Tat, was ist das eigentlich anderes als der alltägliche Kampf ums Dasein und Dabeisein?

Was wir in der Hektik des Alltags verdrängen, kaum noch wahrnehmen, wird beim Fußball sichtbar gemacht. Obgleich ähnliches passiert wie beim Ringen um den Parkplatz, um den nächsthöheren Dienstgrad, um die jeweils

Chali bei der »Jagd«

hübscheste Partnerin oder den potenteren Partner, um
Arbeits- oder Urlaubsplätze, um Chancen und Gelegen-
heiten – hier ist es auf den Punkt gebracht. Aufgeteilt in
Angriff und Verteidigung.

Der aktive Mensch jagt einer Sache nach. Beim Fußball
ist es der Ball, der ins gegnerische Tor soll. Im Leben ist es
irgendein anderes Ziel. Doch gejagt muß werden. Wer auf
der faulen Haut liegt, verliert. Das ist im Stadion live zu erleben. Doch während der Zuschauer in der realen Welt häufig selbst gezwungen ist, mit vollem Einsatz anzugreifen
und zu verteidigen, kann er hier die Beine hochlegen. Das
Theater, das ihn in Wirklichkeit so streßt, ist an dieser Stelle
relativ folgenlos für ihn. Und so kann er unbelastet am
»Schauspiel« teilhaben. In Freud und Leid. Er fiebert mit
seiner Mannschaft mit. Im Angriff und in der Verteidigung.

Der Angriff ist dabei die aufregendste Sache. Wie im
Leben auch. Der Fußballfan darf urgemeinschaftliche Gefühle in sich aufsteigen lassen. Wenn unsere Altvorderen
auf die Jagd gingen, griffen sie an. Vor allem der Mann tat
das. Sein eigenes Wohl und das seiner Sippe hingen vom
Erfolg seiner Angriffe ab.

60

Wie die damaligen Jägerhorden haben auch die Fußball-spieler zusammenzuwirken, um erfolgreich anzugreifen. Jeder einzelne muß mutig und schnell sein, konzentriert handeln, dabei intelligent und kraftvoll zu Werke gehen. Damit erfüllt der Fußball den lebendig gebliebenen Jagd-wunsch, der noch immer in jedem Menschen schlummert.

Wie sieht das nun aber mit der Verteidigung aus? Beim Fußball wird das Tor geschützt, bei unseren Vorfahren war es die Behausung. Wird das Tor »reingehalten«, also über-schreitet der Ball nicht die Torlinie, dann ist das schon die halbe Miete. In unserer urgemeinschaftlichen Horde war die Frau für den Schutz der Behausung zuständig. Hielt sie die »rein«, war bereits ein wesentlicher Teil ihrer Ver-antwortung wahrgenommen. Hütete sie die Kinder und bewahrte das Feuer, hatte sie ausgesorgt. Sie verteidigte damit den erreichten Status quo. Die wichtigere Rolle wurde aber dem Mann zugeschrieben. Denn der jagte.

Doch sind wir damit dem Geheimnis der Fußballattrakti-vität näher gekommen? Zumindest haben wir so *en passant* eine Begründung für die machohafte Geringschätzung der verteidigenden Fußballer gefunden. Während ein wahres Blitzlichtfeuerwerk auf den Schützen des 1:0-Siegtores niedergeht, schleichen jene, die »nur« Gegentreffer ver-hindert haben, unbeachtet zum Duschen. Dabei spielt es überhaupt keine Rolle, daß das Tor in der 90. Minute zum 1:0 ein bloßes Abstaubertor gewesen ist und daß der Stür-mer und Torschütze ansonsten 89 Minuten wie Falschgeld

Sei's drum – In Hansas Verteidigung stehen »echte Kerle«.
oben: Thomas Gansauge; unten: Marco Zallmann

auf dem Platz herumgestanden hat. »Sie« hat währenddessen aufopferungsvoll gekämpft: die Verteidigung – auch im Mittelfeld. »Sie« hat sich natürlich auch in den Angriff eingeschaltet. »Sie« hat verteidigt, indem sie angriff.

Doch die Medien feiern den »echten« Angreifer – ihren Helden. Er hat der eigenen Mannschaft in kalter, feindlicher Welt eine neue Zukunfts-Dimension eröffnet. Vergleichbar mit einem unserer Vorfahren, der mit einem erlegten Hirsch der Sippe das Weiterleben ermöglicht hat. Der Torschütze hat seine Mannschaft in der Meisterschaft einige Punkte vorangebracht, hat einen UEFA-Cup-Platz gesichert oder das Weltcup-Finale ermöglicht. Diejenigen, die während der 90 Minuten Tore des Gegners verhinderten, tun zwar dergleichen, stehen aber nicht im gleichen Ansehen. Das bloße Bewahren des gegenwärtigen Zustands wird ähnlich wie das Haus-, Kinder-, und Feuerhüten der Frauen in warmer Geborgenheit gesehen. Angreifen und Toreschießen besetzt man auf diese einfache Art und Weise männlich, Verteidigen stattdessen weiblich.

Es heißt demzufolge auch DER Angriff, DIE Verteidigung! Oder war Ihnen das schon aufgefallen?

Fußball braucht Raum und die Begrenzung

Wahrscheinlich haben Sie auch noch nie darüber nachgedacht, warum ein Fußballplatz so aussieht wie wir ihn kennen? War er schon immer so groß, so grün, so eben? Bei weitem nicht. Doch wie war er dann?

In einem deutschen Regelheft von 1896, das in Jena veröffentlicht wurde, mußte darauf hingewiesen werden, daß der Spielplatz in »zugfreier Lage« angelegt sein sollte. Er müsse »von Bäumen und Sträuchern frei und mit niedrigem Gras bewachsen« sein sowie »doppelt so lang als breit«. Derartige Forderungen waren notwendig. Damals mußten nicht selten größere Unebenheiten, Maulwurfshügel, Sträucher und kleinere Bäume umspielt werden. Selbst eine ebene Fläche war nicht selbstverständlich. Im

Erzgebirgischen fußballerten unterklassige Mannschaften sogar auf abschüssigem Gelände gegeneinander. Wohl mehr zum Gaudi von Spielern und Zuschauern. Ein Jux sollen solche Spiele auch derzeitig noch sein.

Im allgemeinen legen heute Regeln die Spielfeldbeschaffenheit fest, bestimmen Feldbreite und Länge. Dabei lassen die Regelväter Varianten zu: Das Spielfeld kann zwischen 90 und 120 m lang sein, es darf aber nicht mehr als 90 m und nicht weniger als 45,90 m in der Breite betragen. Die anderen Vorgaben sind allerdings eindeutig: Die Ausmaße des Strafraums (40,32 x 16,50 m), des Torraums

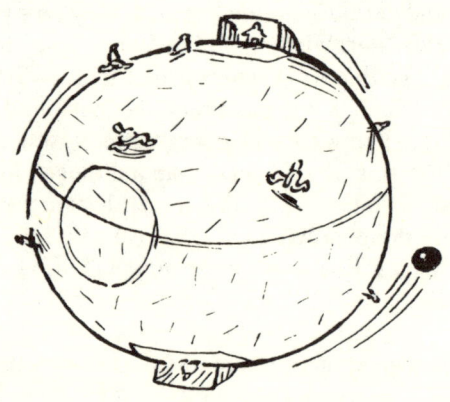

(18,32 x 5,50 m), des Anspielkreises (Durchmesser 9,15 m), ja selbst die Größe des Eckraumes (1/4 Kreis von 1 m Durchmesser) sind genau vorgegeben. Die Linien dürfen nicht breiter als 12 cm sein. Fachunkundige mögen über diese Akribie lächeln. Doch ohne genannte Festlegungen könnten sich reguläre Fußballmannschaften das Ersinnen von planvollem Vorgehen in Angriff und Verteidigung schenken. Es wäre nicht umsetzbar. Bei unbegrenztem Raum kann an Raumaufteilung und -beherrschung nicht gedacht werden. Der Zufall, der im Fußball sowieso eine große Rolle spielt, bekäme dann das Zepter vollends in die

Hand. Doch wie die Mannschaften den zur Verfügung stehenden Raum für ihre Aktionen aufteilen, um ihn schließlich zu beherrschen, macht einen wesentlichen Teil ihrer Spielqualität und -kultur aus.

Natürlich ist das Feld für die elf Spieler zu groß. Aber sie sollen ja auch nicht die totale Kontrolle über den Rasen gewinnen. So bleibt genügend Raum für alle Aktionen, die das Spiel interessant machen. Daß trotzdem höhepunktlose und aktionsarme Spiele ohne ein Tor zustande kommen, liegt eben an dem Wollen oder Nichtwollen, dem Können oder Nichtkönnen der Spieler im Umgang mit Ball und Gegner. Raum gibt es heute genug. Auf jeden Fall für den Fußball.

Spielzeit ist Leistungszeit

In der DDR hatte man einen ganz besonderen Tick. Gab es irgendwelche Probleme, welcher Art auch immer, gab es Losungen. Losungen statt Lösungen.

Eine davon hieß »Arbeitszeit ist Leistungszeit«. Eigentlich eine Selbstverständlichkeit. Aber nicht in der DDR. Da leisteten es sich z.B. Diplomingenieure und Doktoren, während der Arbeit einkaufen zu gehen, um von der gerade eingetroffenen Bananen- oder Ketchup-Lieferung noch etwas abzubekommen.

Eine derartige Mentalität soll auch den DDR-Oberligatrainern großen Kummer gemacht haben. Folglich waren auch sie ernsthafte Vertreter der Ansicht, daß Spielzeit auf dem Platz Leistungszeit sei. Schließlich hatten sich die Engländer nicht umsonst die Mühe gemacht und in den Spielregeln von 1863 für ein Fußballspiel eine feste Spielzeit angesetzt. Es sollte nicht so zugehen wie beim *Tsu-küh* der Chinesen. Da genoß der Kaiser das Privileg, bestimmen zu können, wann ein Spiel beendet werden sollte.

Die heute noch gültige englische Regel geht von zweimal 45 Minuten Spieldauer aus und 10 Minuten Pause. Diese 90 Minuten dachten sich die Regelschöpfer als

65

Spiel- und Leistungszeit. Die Überlegenheit einer Mannschaft sollte sich in dieser Zeit in der Athletik, in Kraft,
Schnelligkeit und Taktik zeigen und in vielen geschos-
senen Toren. 90 Minuten wären dafür ausreichend, meinten die Herren J. C. Thring und Charles William Alcock,
die entscheidend an der Ausarbeitung des Regelwerkes
beteiligt waren. Dauerte ein Spiel länger, so meinten die
Regelbosse, ermüdeten die Spieler, es käme kaum zu prik-
kelnden Torraumszenen und das Spiel würde uninteres-
sant. Die Richtigkeit dieser Annahme bekommt jeder Fußballfan während der heute üblichen Verlängerungen bei
Entscheidungsspielen geliefert. Im Mittelfeld schleppen
sich die Akteure umher, wenn sie nicht gerade wegen Ent-
kräftung auf dem Boden liegen und ihre Wadenkrämpfe be-
handeln müssen. Diesem Treiben mit Genuß zuzusehen,
ist wohl kaum möglich.

Es gibt noch einen anderen Grund für die 90 Minuten:
Das Spiel mit dem Fuß bedarf der Entfaltung. Erst dann
kann es reifen. Nicht nur das Publikum will sich mit den
Mannschaften und ihren Eigenheiten bekanntmachen,
auch die Teams brauchen Zeit, sich »kennen- und schät-
zenzulernen«. Es gilt doch, die eigenen Stärken wirkungs-
voll einzusetzen und die Schwächen der Gegner zu erkennen und auszunutzen. Dazu haben sie die Zeit und sie
sollte dafür reichen. Denn die Kraft und die Konzentration
der Spieler sind, wie die Geduld der Zuschauer, endlich.

Deshalb ist Spielzeit Leistungszeit. Ausnahmen bestätigen die Regel.

Eine Entscheidung muß her

Auch im alltäglichen Leben geht es um Entscheidungen.
Unentschiedene Problemlagen sind den meisten Menschen ein Greuel, werden als Bedrohung empfunden und
als solche angegangen. Wie auch immer. Es muß entschieden sein. Im Fußball ist das nicht anders.

Eine Entscheidung muß her. Sie muß ja nicht immer so
deutlich zu Tage treten wie beim Länderspiel England –

Australien 1951, bei dem die Europäer 17:0 triumphier-
ten. Aber eine zumindest einstellige Tordifferenz darf man
wohl erwarten! Ausgesprochen ärgerlich ist es, wenn ein
Spiel unentschieden ausgeht. Selbst wenn das 4:4 spannend war oder das 0:0 mehr hergab, als das Ergebnis aus-
zuweisen vermag – es ist eben ein Unentschieden und
letzten Endes unbefriedigend.

Besonders fatal ist ein Unentschieden bei Europa- und
Weltmeisterschaften oder im Endspiel um den Welt- oder
Europapokal. Dann gibt es keinen Sieger auf dem Feld der
Ehre. Das vertragen die Spieler, die Trainer und auch die
Zuschauer nicht. Doch vor allem verträgt es nicht das Re-
glement. Das nämlich verlangt einen Meisterschaftssieger
oder Cupgewinner. Deshalb haben sich die Verantwortlichen allerlei ausgedacht, um nach einem Unentschieden
doch noch einen Sieger küren zu können.

Der Losentscheid war wohl die unglücklichste Lösung.
Die Idee vom Wiederholungsspiel entpuppte sich nicht gerade als der Weisheit letzter Schluß. Das dann erreichte Ergebnis rechtfertigte in keinem Fall den organisatorischen,
physischen und psychischen Aufwand. Nach einigem Nachdenken kam man endlich auf die Spielverlängerung mit
anschließendem Elferschießen. Diese Variante, einem Unentschieden auszuweichen, hält sich bereits relativ lange.
Aber recht glücklich sind die Beteiligten damit auch nicht.
Ein Beispiel: Die Mannschaften Beira Mar und Avanca
mußten bei ihrem Endspiel um die Junioren-Bezirksmei-
sterschaft im portugiesischen Arveiro nach 30minütiger
Verlängerung noch ganze 40 Elfer schießen, um endlich auf
den »Sieger« zu kommen. Kein Wunder, daß an dieser Regelung immer noch herumgebastelt wird.

Bei den Europameisterschaften 1996 wurde dann das
sogenannte »Todestor« eingeführt und praktiziert. Es be-
sagt, daß die Mannschaft zum Sieger erklärt wird, welche
in der Verlängerung das erste Tor schießt. Der deutsche
Stürmer Oliver Bierhoff machte mit seinem Todestor im
Finale gegen Tschechien Fußballgeschichte. Denn er ist
mit seinem 3:2-Siegestor nicht nur der erste Spieler, der

auf diese Weise eine Europameisterschaft entschieden hat, sondern er wird auch der letzte sein.

Die Verantwortlichen waren nämlich auch mit dieser Lösung unzufrieden. Wie die Fußballfans. Und so wird wohl in den nächsten Jahren darüber nachgesonnen, was bei Ausgeglichenheit der Mannschaften getan werden muß, um dem verständlichen Drängen nach einer endgültigen Entscheidung erfolgreich entgegenzukommen.

Ob solche Vorschläge in die notwendigen Überlegungen mit einbezogen werden können, nach denen in Spielen die

erzwungenen Eckbälle, die verschuldeten Frei- und Strafstöße, die vergebenen Verwarnungen oder Platzverweise gezählt werden, dazu die Einwürfe, die gelungenen Spielzüge, die knapp vergebenen Torchancen, die spektakulären Torwartparaden, um sie dann bei der Siegerermittlung gegeneinander aufzuwiegen, das darf bezweifelt werden.

Am eindeutigsten ist es also noch immer, wenn eine Mannschaft 45:0 siegt, wie beim Kantersieg zwischen der Felixtowe Sonntags-Liga Ipswich Exiles und Seaton Rovers am 11. März 1984.

Im Tor kam ich plötzlich wieder zu mir ... – Wie man zum Torwart wird

Ein bekanntes Bild. Ein Junge will mit den anderen Fußball spielen, aber niemand will ihn. Maximal ins Tor darf er sich stellen. Da will er nicht hin. Geht er nicht, ist er aus dem Spiel. Also geht er.

Selbst Torwartlegende Uli Stein erging es so. Sein großer Bruder Gunter hatte ihn, den »Kleenen«, immer mitzuschleifen, wenn er zum Fußballbolzen loszog. Auch für Jürgen Heinsch (aktiv in den Jahren 1959 bis 1971) war das kein unbekanntes Phänomen: »Für Jungs in diesem Alter ist das Toreschießen weit wichtiger als das Tore verhindern. War bei mir nicht anders. Wie ich überhaupt meine, daß es niemanden direkt ins Tor zieht. Torwarte wurden schon bei unseren Straßenspielen die, mit denen man nichts anderes anfangen konnte, die aber mitspielen wollten.«

Als der 15jährige Jürgen Heinsch 1955 zu Empor wechselte, bedeutete das auch eine Positionsveränderung. Er wurde Torwart. »Ich hatte als Schüler der Kinder- und Jugendsportschule eine sehr gute Rundum-Ausbildung erfahren. In Leichtathletik war ich gut, im Hochsprung sogar Jugendrekordhalter der 15jährigen mit 1,86 m. Auch turnen konnte ich respektabel – so hatte ich die denkbar besten Voraussetzungen für das Torwartspiel mitgebracht.«

Er war knapp 17, da spielte er hinter Stammtorhüter Manfred Schröbler den Youngster. Er brannte vor Ehrgeiz. Aber die jungen wurden erst einmal in die zweite Reihe gesetzt.

Doch die 60er Jahre gehörten ihm. Wäre die Meniskusoperation 1962 nicht gewesen – seiner stattlichen Zahl von 176 Meisterschaftsspielen hätte er noch einige hinzufügen können. Das gilt auch für seine Einsätze mit der Nationalmannschaft. Er konnte nur in sieben DDR-Länderspielen im Tor stehen. In Tokio errang er Olympia-Bronze. Aber auch als Trainer machte Heinsch eine gute Figur. Daß er immer zur Stelle war, wenn es im Verein

einmal brannte und kein Trainer zum »Löschen« zur Hand war, hat ihm den Ruf eines »Feuerwehrmanns« einge- bracht. Heute ist er Nachwuchsmanager des FC Hansa Rostock.

»Fühle mich aber für alle verantwortlich, nicht nur für die Torwarte«, betont er. Heraushören kann man aber, daß er immer ein besonderes Auge auf jene hat, die sich ins Tor stellen und später einmal das 2,44 Meter hohe und 7,32 Meter breite Tor der Männermannschaft des FC Hansa Rostock hüten sollen. Und wer einmal zwischen den Pfo- sten gestanden hat, den wird Höhe und Breite des Tores Demut gelehrt haben, der wird wissen, wie gewaltig die Aufgabe eines Torwarts ist.

Erklärterweise ist die Dimension für den Stürmer eine völlig andere. Mit dem Ball am Fuß, den Torwart samt Ka- sten vor sich, wird das Scheunentor des Torstehers zum Mauseloch für den Angreifer. So erstaunt es nicht, wenn immer mal wieder die Torgröße zur Diskussion gestellt wird. Mal sollen die Tore größer werden, mal kleiner.

Kurz vor den Weltmeisterschaften 1996 wurden wieder Stimmen laut, die von einer Tor-Verbreiterung redeten. Auch höher sollte es sein, denn es fielen zu wenig Tore. Doch die in den Medien von den »Fachleuten« geführten

Diskussionen sind erst einmal vom Tisch. Warum? Das läßt sich nur vermuten. Vielleicht haben sich ja einige Herren vom kleinen Tisch ins große Tor begeben. Diese Erfahrung dürfte ihre voreiligen Münder ruhiggestellt haben. Denn wenn einer von den Spielern zu bedauern ist, dann ist es der Torwart. Allein steht er in diesem riesigen Kasten. Alle elf Gegenspieler können ihm den Ball in die Maschen setzen. Aus Entfernungen, die manchmal lachhaft sind.

Das Tor ist immer gleich offen, gleich riesig. Es ist die empfindlichste, ja die wundeste Stelle in der eigenen Spielhälfte. Ein Wundmal sozusagen, das gehütet werden muß. So hießen die Torwarte in einem deutschen Zeitungsbericht vom 13. August 1893 auch »Malwärter«. Sie standen zwischen den »ungefähr sieben Schritt« voneinander entfernten »Malstangen«, unter einer »Malschnur«. Diese befand sich »in etwa zwei Meter Höhe« über ihren Köpfen und verband die beiden Malstangen miteinander. Es war also schon damals ein großes Tor, das gehütet werden sollte. Gut, für diese große Aufgabe bekam der Torwart das Sonderrecht, den Ball mit der Hand zu fangen,

Ein As im Tor: Jürgen Heinsch

ihn mit dergleichen wegzustoßen oder mit dem Arm neben das Tor zu schubsen. Das verschafft ihm einen Vorteil.
Doch der ist so riesig nicht. Deutlich wird es beim Elfme-
terschießen. Torwart Jürgen Heinsch: »Das ist wirklich
eine spannende Situation. Wer als Torwart hier nicht die
Ruhe behält, hat verloren. Ich habe mir jedenfalls immer
gesagt, daß ich nichts zu verlieren habe. Der Schütze hat
zu verwandeln. Das erwartet jeder. Wenn der Torwart
hält, ist das eine Sensation. Also, mit wachsender Erfahrung tritt man auch sicherer auf. Die meisten Stürmer, die
zum Elfmeterpunkt gehen, hat man mit der Zeit kennen-
gelernt. Und selbst wenn wir die geringeren Chancen
haben, zieht jeder seine Tricks aus der Tasche. Torwarte
haben da ihre spezifischen Geheimnisse.« Stürmerfuchs
Rainer Jarohs (aktiv von 1976 bis 1990): »Der Ball muß
ins Tor, wie, ist mir gleich. Da sind Kenntnisse über die
Eigenheiten des Torwarts ganz nützlich, bringen aber oft
nichts ein. Als ich zum Beispiel Grapenthin (Torwart
in Jena) beim Elfmeterduell im FDGB-Pokal gegen Erfurt am Fernsehschirm erlebte, warf er sich bei allen
fünf Schüssen in irgendeine der beiden Ecken. Doch als
ich dann im Meisterschaftsspiel in Jena gegen ihn schoß,
genau in die Mitte zielte, blieb er plötzlich stehen und
hielt.«
    Spreche da einer noch von einem Tor im Tor.

Das dritte Auge

Die meisten Fußballer sind abergläubisch. Das ist unbestritten. Dabei sind die Blüten des Aberglaubens nahezu
unglaublich. Der sonst so rational denkende und planende
ehemalige Hansa-Trainer Frank Pagelsdorf war sich sicher,
daß sein Team gewinnt, sobald sein spezieller Spieler-Be-
obachter Gerd Kleinmarker im Stadion saß. Gegen St.
Pauli und gegen Bielefeld saß er auf der Tribüne – prompt
wurde gewonnen. Doch das genügte ihm nicht. Vor jedem
Spiel überlegte er, welchen Talisman er mit ins Stadion

Der Spieler mit den häufigsten Einsätzen bei Hansa ist heute Co-Trainer neben Ewald Lienen: Juri Schlünz.

nehmen sollte, welche neue Kleidung er anlegen oder ob er vielleicht rückwärts mit dem Auto auf die Stadionanlage fahren sollte.

Wie ist das eigentlich mit dem Neuen? Mit Ewald Lienen. Wieviel Glauben hat er zum Aberglauben? Folgt er solchen Lebensweisheiten wie: Aller guten Dinge sind drei? Jedenfalls trat Hansa 1997/98 mit drei Trainern an. Bisher gab es immer nur einen Trainer und einen Co-Trainer. Nun ist Juri Schlünz der dritte im Bunde. Das dritte Auge, sozusagen. Er, der bisher bei Hansa den Nachwuchs betreute und derzeitig an der Sportschule in Köln für seine Trainerlizenz büffelt, wurde Ewald Lienens linke Hand. Des Cheftrainers Rechte ist ja bereits Co-Trainer Andreas Zachhuber. In Teneriffa soll Lienen mit einer ähnlichen Konstellation gute Erfahrungen gemacht haben. Also doch kein Aberglaube?

Der Hansa-Fanclub dagegen schwört auf den schwarzen Kater namens Morle und die Fans kommen auf die wunderlichsten Sachen, um dem Spielglück ein wenig auf die Sprünge zu helfen: Andreas kauft seine Eintrittskarten bei immer derselben Verkäuferin in immer demselben Papiergeschäft. Das half zwar zum Ende der abgelaufenen Saison 1996/97 immer weniger, aber er blieb dabei, und der Abstieg konnte verhindert werden. Rainer legt, bevor er zum Punktspiel geht, immer seine Beatles-Platte auf, um sich »Yellow submarine« anzuhören. Karl-Ludwig braucht pro Halbzeit eine Schachtel Zigaretten auf. Nicht mehr und nicht weniger. Den Zigarettenrauch bläst er immer in Richtung gegnerisches Tor. Das sei manchmal schwierig. Besonders wenn der Wind ungünstig steht. Helmut hat das Jersey an, mit dem sein Vater schon zum Spiel ging. Sein Kumpel Jörn zieht sich immer die gleichen Socken über, und Klaus muß immer von seiner Frau begleitet werden. Ist sie nicht dabei, weil sie krank ist oder dienstlich verhindert, traut er sich kaum ins Stadion.

Jens Strohschein aus Schlacksdorf nahe Ratzeburg hat seinen eigenen Glauben. Er hält daran fest, den Bannfluch von Hansa nehmen zu können. Vor dem Hansaspiel gegen St. Pauli schritt der Lagermeister der Firma »Heiro« dann zur Tat. Um fünf Uhr in der Frühe fuhr er mit Erlaubnis seines Chefs aus Mölln los. In Rostock angekommen, steckte er hinter jedes der Tore eine große Stopfnadel. Die Nadeln sollten dafür sorgen, daß ins Hansa-Tor möglichst keine Bälle gehen, in das Tor von St. Pauli zumindest einer mehr als beim Gastgeber. Das Nadelöhr sei sein drittes Auge, mit dem bewirke er das Wunder.

Gegen elf Uhr war Jens Strohschein wieder an seinem Arbeitsplatz. Am Abend gings nochmal nach Rostock. Dort erlebte er im Stadion, wie seine Nadeln Hansa einen 3:1-Sieg brachten. Das war im Herbst 1996. Blieb nun bloß die Frage, ob der Fluch auf ewig gebannt sei. Wohl nicht. Dann nämlich hätte Hansa in den folgenden Spielen, wie etwa gegen Duisburg, Werder Bremen und die Münchenchener, gewinnen müssen. Oder muß Jens vor jedem Spiel stechen?

Aberglaube kann auch seltsame Konsequenzen mit sich bringen: Der berühmte Jack Charlton, Weltmeister von 1966, schlug damals die Kapitänswürde seines Vereins aus. Er wollte nicht als erster Spieler auf den Rasen gehen. Nach Charltons Meinung würde das ihm und seiner Mannschaft nur Pech bringen.

Um das Thema Glauben und Aberglauben vorläufig abzurunden, erinnern wir uns an die Worte des Deutsch-Inders Rei Souli von der Universität Freiburg. Der Inhaber des einzigen deutschen Lehrstuhls für Parapsychologie gab, nach der Zukunft des FC Hansa befragt, eine beruhigende Antwort. Der Rostocker Klub sollte sich mit seinem neuen Trainer Ewald Lienen sogar im vorderen Tabellendrittel plazieren. Kann man das glauben? Immerhin hatte Rei Souli den Klassenerhalt vorhergesehen. Oder sollten sich Fans und Mannschaft lieber die Worte des Rostocker Oberbürgermeisters Arno Pöker zu Herzen nehmen, nach denen sie ihr Schicksal selbst bestimmen und nur Mut brauchen, um die Probleme anzupacken?

Ein Fachgespräch klärt uns auf

Um dem Phänomen Fußball nun endgültig auf den Leib zu rücken, sollten wir Kapazitäten anhören.

Dazu schalten wir uns in ein Hörfunkinterview, das Frau Lisel Stürmer mit dem Verhaltensforscher Prof. Dr. Ball führt.

Moderatorin Lisel Stürmer: Meine sehr verehrten Hörerinnen und Hörer, hier ist wieder ihre Lisel Stürmer mit der Sendung »Anstoß – Rigoros«. Ich begrüße heute den Verhaltensforscher Prof. Dr. Ball.
Prof. Dr. Ball: Guten Abend.

Stürmer: Prof. Ball erforscht nicht nur das Verhalten der Menschen, er ist auch begeisterter Fußballfreund und Mitglied des Vereins »Fortuna 09«. Somit habe ich Ihnen schon angedeutet, worum es uns heute abend geht: um den Fußball und das Geheimnis seiner Attraktivität.

Ball: Ja der Fußball ... Das ist eine komplexe Alltagsspiegelung aller Erscheinungsformen menschlicher Existenz auf einen bestimmten Raum in einer bestimmten Zeit.

Stürmer: Ja. Äh. Das war nun so etwas wie eine Erklärung des Phänomens Fußball. Aber geht es nicht etwas einleuchtender, Herr Professor?

Ball: Das war schon recht einleuchtend und präzise – wie das bekannterweise meine Art ist –, aber wenn Sie es für ihre Hörerinnen und Hörer noch etwas effizienter haben wollen ...

Stürmer: ... wenn es ginge, auch etwas verständlicher bitte.

Ball: Fußball macht sowohl von der täglichen Hast zwischen einem großartigen Hoffen und vielen allzu klein ausfallenden Erfolgen als auch von einigen wertvollen Sternstunden des Lebens ein Bild. In ihm zeigt sich die ewige Sehnsucht der Menschen nach Erfüllung in Raum und Zeit.

Stürmer: Tja ... meinen Sie, daß wir dem Phänomen nun etwas näher gekommen sind?

Ball: Das will ich hoffen, so kompliziert war es schließlich nicht.

Stürmer: Meinen Sie ...

Ball: Na schön. Nehmen Sie einfach die Idee von der Eroberung einer Festung – wie es die beiden Tore verkörpern – und den Willen zum Sieg, und schon haben Sie alles, was für die gedankliche Durchdringung eines Fußballspiels vonnöten ist.

Stürmer: Ach, und man braucht keinen Ball, keine Jerseys, kein Spielfeld, keine Linien?

Ball: Frau Stürmer, ich beschrieb doch erst das intellektu-

76

elle Gefüge eines Spiels. Sozusagen die Software, die Hardware nannte ich doch noch gar nicht.

Stürmer: Entschuldigen Sie.

Ball: Ach, Sie brauchen sich doch nicht zu entschuldigen, das bin ich eigentlich bei Frauen gewohnt.

Stürmer: Was sind Sie gewohnt?

Ball: Daß ihnen beim Fußball der gewisse Einblick und Durchblick fehlt.

Stürmer: Den Männer fehlt er nicht, den Weibern aber wohl?

Ball: Ich hatte nicht Weiber gesagt.

Stürmer: Zumindest gedacht. So unter dem Motto: Fußball ist als Spiegelbild des gesellschaftlichen Lebens Männersache.

Ball: Genau. Ein wichtiges Element der Lebens- und Spielkultur.

Stürmer: Was meinen Sie denn mit »Spielkultur«?

Ball: Alle Grundfertigkeiten, die zu einem guten Fußballspiel gehören, kann ich hier nicht aufzählen, aber einige kann ich nennen, z. B. das sichere Ballstoppen, die elegante Ballführung, das überlegte Abspiel, die raffinierte Körpertäuschung, das zielsichere Kopfballspiel und schließlich der gekonnte Torschuß. Der ist nun allerdings äußerst wichtig.

Stürmer: Denken Sie jetzt nicht unweigerlich an das Schießen der Männer und das Empfangen der Frauen. Gehen Ihnen etwa nicht die »gut gedeckten« Spieler durch den Kopf, oder die, die »sich dauernd anbieten«?

Ball: Nicht eben in diesem Moment, aber daß es in der Fußballsprache Zweideutigkeiten gibt, ist mir nicht entgangen. Mich daran jedoch länger als nötig aufzuhalten oder mich daran sonderlich zu erfreuen, war nie meine Sache. Die Fußballrhetorik ist eben etwas herb.

Stürmer: Verbirgt sich hinter dieser etwas herben Rhetorik nicht auch so etwas wie eine sexistische Form der Machtausübung?

Ball: Das ist doch Unsinn.

Stürmer: Ist es auch Unsinn, daß sich im Fußball eine

spielerisch verkleidete Ideologie des Patriarchats erhält?

Ball: Ja! Es ist Blödsinn!

Stürmer: Dann ist es gewiß auch Blödsinn, daß die vielen Schul-, Dorf- und Straßenmeisterschafts-, Landes- oder Europa- und Weltmeisterschaftsspiele nur zum Eigenlob der Männer und zu ihrer Lobpreisung veranstaltet werden?

Ball: Ja, ja und nochmals ja!

Stürmer: Was ist Fußball dann?

Ball: Fußball ist eine wundervolle Sportart.

Stürmer: Fußball ist häßlich.

Ball: Fußball erlaubt den Spielern bei einem Dribbling, einem perfekten Doppelpaßspiel oder einem wohl getimeten Volleyschuß Grazie und Eleganz zu zeigen.

Stürmer: Grazie und Eleganz? Wo sollen die herkommen. Von den dicken Oberschenkeln oder ausgiebig gebogenen O-Beinen?

Ball: Ja, auch von dort.

Stürmer: Fußball ist ohne Ästhetik und überaus langweilig.

Ball: Fußball ist spannend, weil abwechslungsreich.

Stürmer: Fußball ist eine öde Aneinanderreihung von sich wiederholenden Vorfällen.

Ball: Fußball ist ein schneller Wechsel des Geschehens.

Stürmer: Fußball ist sture Planung.

Ball: Fußball ist ein Triumph der Spontanität über die Planung.

Stürmer: Ständig wird das Spiel unterbrochen von Fouls, Ballholen, Freistoßmauern, Schiedsrichterdisputen, von Einwürfen, Abstößen und ähnlichem Zeugs.

Ball: Spieler und Zuschauer haben ihren Spaß an den Aktionen.

Stürmer: An Beinbrüchen, Crashs und ausgeschlagenen Zähnen?

Ball: An der Spieltaktik und -strategie, an der Spieltechnik.

Stürmer: Woran?

Ball: Kennen Sie denn überhaupt das Pyramidensystem oder die WM-Aufstellung?

Stürmer: Von welcher Weltmeisterschaft wollen Sie die Aufstellung haben?

Ball: Mit Weltmeisterschaften hat das gar nichts zu tun, sondern mit einem Spielsystem. Von oben betrachtet bildet die Aufstellung der Verteidiger beim WM-System ein M, die der Stürmer ein W.

Stürmer: Ach, und von solchem Mist lebt der Fußball?

Ball: Das ist kein Mist! Aber der Fußball lebt von dieser Gemeinsamkeit.

Stürmer: Das ich nicht lache! Fußball ist ein Kampf jeder gegen jeden und die Fortsetzung des Krieges mit anderen Mitteln.

Ball: Fußball ist Fairplay.

Stürmer: Fußball und Fairplay – das verträgt sich wie Harald Juhnke und der Alkohol. Nämlich gar nicht.

Ball: Für uns ist Fairplay die konsequente Einhaltung der Regel, den Gegner zu achten ...

Stürmer: ... und ihn dabei zu Tode trampeln.

Ball: Woher haben Sie denn das?

Stürmer: Aus dem Brüsseler Heyselstadion, wo 39 Menschen regelrecht zertrampelt wurden, und aus dem Stadion von Sheffield, wo 95 Menschen wegen eines Fußballspiels ihr Leben lassen mußten.

Ball: Das waren doch bedauerliche Entgleisungen. Es gibt Woche für Woche Millionen Fußballveranstaltungen, bei denen vor, während und nach den Spielen nichts passiert.

Stürmer: Aber Polizei ist für jedes Bundesligaspiel nötig. Denn Fußball befördert Gewalt.

Ball: Fußball befördert Völkerfreundschaft.

Stürmer: Ein Qualifikationsspiel zur Fußballweltmeisterschaft löste 1969 zwischen El Salvador und Honduras einen Krieg aus.

Ball: Ist doch gar nicht wahr! Das Spiel war nur der Anlaß. Für den Krieg gab es andere Gründe. Das ist also kein Argument gegen den Fußball, der das starke Bedürfnis der Männer nach Gemeinschaft milliardenfach befriedigt.

Stürmer: Wissen Sie, ich brauche nicht einmal diese Ausnahmeerscheinungen. Der ganz normale Irrsinn eines blökenden Mobs an irgendeinem Fußballnachmittag reicht mir schon.

Ball: Es ist wundervoll, einen gemeinsamen Sieg gemeinsam zu feiern, ja auch mit Sprechchören und lauten Gesängen.

Stürmer: Im Siegen fühlt »Mann« sich stark.

Ball: Auch Niederlagen schmieden zusammen, weil sie als Leid empfunden werden. Sagen Sie mir – wo anders gibt es noch dieses Zugehörigkeitsgefühl?

Stürmer: Von Gefühlen zu reden, ist im Zusammenhang mit Fußball völliger Quatsch.

Ball: Gefühle, die der einzelne sonst nicht mehr zu zeigen wagt, werden im Stadion durchlebt.

Stürmer: Pure Manipulation. Denn es geht doch nur ums Geld.

Ball: Geld. Pa! Das richtige Geld gewinnen die Vereine heute nicht mehr aus den Eintrittskarten, sondern kriegen es von ihren Sponsoren.

Stürmer: Richtig, aber die Fans müssen dasein. Die müssen die Stimmung machen, derentwillen die meisten anderen Zuschauer kommen. Kommen die nicht, bleiben auch die Sponsoren aus.

Ball: Frauen reduzieren immer gleich alles auf das Geld.

Stürmer: Wäre es so, dann müßten sich in den Vereinsvorständen der Bundesliga Frauen um die Finanzen sorgen. Aber wo gibt es Frauen in den Vereinsführungen?

Ball: Beim Hamburger Sportverein: Frau Dagmar Berghoff.

Stürmer: Die brauchen die Herren doch nur fürs Kaffeekochen.

Ball: Welch ein Blödsinn!

Stürmer: Was kann denn eine Fernsehansagerin, die sich vorher nie mit Fußball beschäftigt hat, sonst in einem Verein tun?

Ball: Zum Beispiel hat sie zu Weihnachten die Stollen geprüft.

Stürmer: Ich denke noch, gleich sagt der Mann etwas Dummes – und schon tut er es.

Ball: Emanze!

Stürmer: Fußballidiot!

Sprecher: Wir beenden die Sendereihe »Anstoß – Rigoros« drei Minuten früher und schalten um zum Vortrag: »Hammer oder Amboß – die Ohrmuschel im Wandel der Zeiten«.

... UND DER FUSSBALL ROLLT – INS NÄCHSTE JAHRTAUSEND

»Fußball war einmal die wichtigste Nebensache der Welt. Heute ist
Fußball so wichtig, daß die ganze Welt Nebensache wird.«
(Kabarettist Werner Schneyder)

Fußball ohne Feigenblatt – die Medien sind überall

Sport erkannten die Medien-Macher schon früh als ein pro-
fitables Arbeitsfeld. Die *Times* machte den Vorturner. Bereits 1829 berichtete sie täglich von den unterschiedlichsten Sportereignissen. Damit waren Leser zu gewinnen,
Abonnenten zu ködern. Als eine ganz besondere Klientel
erwies sich der stetig wachsende Kreis der Fußballfans.
Ihnen genügte nicht der *thrill* beim Zuschauen, sie wollten
nicht nur über das Gesehene und Erlebte reden, sie mußten lesen, welches Echo ihr Spiel in der Zeitung gefunden
hatte. Noch ehe der Markt mit sportarteigenen Zeitschriften eingedeckt war, überschlugen sich die Tageszeitungen
fast mit ihren Fußballberichterstattungen in der Absicht,
einander zu übertreffen und den Leser eng an das Blatt
zu binden. So erschien der *Blackburn Evening Express* an
einem Samstag 1880 mit vier Sonderausgaben in Sachen
Fußball. Es gibt zum Samstagsspiel einen Vorbericht, ein

Hansa-Spieler stehen im Rampenlicht: Hier stellen sich die Männer zum offiziellen Fototermin.

Special, ein *Extra Special* und ein *Last Football*. Doch das ist erst der Anfang. Zu den Zeitschriften und Zeitungen traten bald die Rundfunkstationen und Fernsehanstalten. 1927 soll es bereits Radioübertragungen gegeben haben. Das Fernsehen folgte nach dem zweiten Weltkrieg – Fußball wurde schnell Teil einer national wie international wirkenden Massen- und Medienkultur. Er wurde es, weil er einen nie versiegenden Jungbrunnen an Informationen darstellt. Als eine Sportart, die Kampf und Schönheit, Gefühl und Denken, Individualität und Kollektivität, Schöpfertum und Planung sowie Glück und Zufall kombiniert, fallen von den wöchentlichen Fußballschlachten über die obligatorischen Vereinsquerelen bis zu den Wehwehchen der Starspieler allerlei Informationen ab. Und man glaubt gar nicht, welche Themen die Journalisten gestern wie heute des Weitertragens für würdig befinden! Von den Spielern des FC Hansa kann man in den lokalen Zeitungen nachlesen, wohin sie in Urlaub fahren, daß der Stürmer Slawomir Chalaskiewicz seine Frau Marzena aus dem Krankenhaus abgeholt hat, nachdem sie am Blinddarm operiert wurde, daß der

Mannschaftsleiter und Busfahrer Rüdiger Weidemann auch noch zeitweilig Zeugwart ist, weil Andreas Thiem wegen Sehnenscheidenentzündung krankgeschrieben wurde, daß die Hansa-Traditionself bis drei Uhr morgens im Salon Muschel tanzte ... Natürlich wird auch vermeldet, wie Hansa in Köln gespielt (2:0) und wer das Siegestor zu Hause gegen Duisburg geschossen hat (Stefan Beinlich), aber das eigentliche Spielgeschehen rückt immer mehr in den Hintergrund.

Das neue Erlebnis

Gerade mußte sich die Menschheit zu Beginn der Saison 1997/98 mit einigen neuen Regeln der FIFA bekanntmachen. So die Neuerungen für die Torwarte, über die wir schon berichteten. Die gedrittelte Spielzeit haben wir noch nicht. – Dabei hätte man doch gleich ein paar zusätzliche Auszeiten einführen können! In denen würden, zur Tarnung des Werbeanliegens, die Trainer ihre Mannschaften »coachen« und die Zuschauer mit Pausensnaks und Showeinlagen versehen werden.

Aber stellen wir uns das mal wirklich vor. Wird der Fußball, nun tatsächlich auf der Stufe der Nebensache angekommen, noch sehenswert sein? Willi Lemke, der Spaßvogel von Werder Bremen, der auch Marathonstrecken laufen kann, konnte das Auszeit-Gehabe in Brasilien in Augenschein nehmen. Und er hat Zustimmung signalisiert. Tja, mehr Werbeeinnahmen im Fernsehen bedeuten schließlich auch mehr Geld für die Clubs. Vom Deutschen Fußballbund gibt es noch keine offizielle Äußerung. Kaiser Franz hat gemeckert, aber dann gesagt: »Schaun wir mal«. Und wir werden schauen. Vorerst auf den Weltfußballverband FIFA, von dem alle hoffen, daß er sich seinen Fußball nicht durch Werbung zerhackstücken läßt. Ob die Hoffnung berechtigt ist, wenn Millionen, ja Milliarden im Spiel sind, muß allerdings mit höchster Skepsis abgewartet werden. Dem Fußballspiel kann es bald wie dem Spielfilm ergehen. Die Werbepausen bilden den Höhepunkt. Aus

84

der Übertragung eines Sportereignisses wird eine belie-
bige Unterhaltungssendung. Eine Drumherum-Modera-
tion lullt den Fernsehzuschauer ein, macht ihn reif für
Wiederholungen, Einblendungen und Unterbrechungen.
Interviews füllen die Zeit, der Konsument behält nur noch
Gesprächsfetzen, Lichteffekte, Musiksentenzen und irgendein Fußballergebnis im Kopf. War es 1:0? Oder 2:3?

Ach Gott, irgendwie hatte er Spaß, ach nein, er hatte
fun und ist froh, daß die Zeit noch nicht gekommen ist, wo
er für jede Übertragung eines Fußballspiels extra an Pay-
TV zu zahlen hat. Noch wird vom »Menschenrecht auf

Fußball« gesprochen. Ein viel zu großes Wort für »die wichtigste Nebensache der Welt«. Aber eben ein Wort. Doch
wie lange gilt es? Der Fußball in seiner heutigen Präsenta-
tion wird es schwer haben, sich zwischen traditioneller Er-
lebniserwartung und dem Diktat von Unterhaltungsindu-
strie, Medienrummel und Freizeitmarkt zu halten.

Das Erlebnis Fußball ist im Wandel begriffen. In zuneh-
mendem Maße beschäftigen den Zuschauer auch Show-
blöcke á la Amerika, wo hübsche Mädchen mit Schreien,
Quietschen und allerhand Flatterwerk tänzerische Übungen vollführen, wo es in Tombolas etwas zu gewinnen gibt,

Es ist soweit: Die Mannschaft ist aus dem Urlaub zurück und läutet mit der offiziellen Trainingseröffnung die neue Saison ein.

wo Fallschirmspringer ins Stadion fallen und Zeppeline am Himmel vom Frohsinn der Fußballgemeinde künden. Es wird beschallt, belichtet und natürlich geworben.

Der Stadionsprecher, ehemals Ansager, wird zum Moderator, der eine fußballadäquate Show präsentiert. Längst ist die Zeit vorbei, wo er nur die Mannschaftsaufstellung bekanntgab. Heute ruft er den Vornamen eines Spielers ins Mikrophon und die Fans antworten mit dem Nachnamen. Er interviewt Leute, stellt Fanclubs vor und heizt die Stimmung an. So wie zur offiziellen Trainingseröffnung für die Spielzeit 1997/98. Hansa war wegen Unbespielbarkeit des eigenen Trainingsplatzes auf den Sportplatz am Waldessaum ausgewichen. Trotzdem versammelte sich viel Volk. Auch Klaus Jürgen Strupp, Sprecher im Ostseestadion, den alle nur »Struppi« rufen. Und auch hier, außerhalb des Stadions, zeigte er, was ein ordentlicher Entertainer ist.

Strupp gehört zur jüngeren Garde der Anheizer des Bundesligageschehens und ist seit der Saison 1991/92 im Amt. Strupp moderiert eine Veranstaltung, die für den Besucher mit Anreise etwa drei bis vier Stunden dauert. Die

Zeit vor, zwischen und nach dem Spiel muß er überbrük-
ken. Das ist nicht so einfach. Er muß sich etwas einfallen
lassen. Denn angesprochen werden sollen nicht nur pas-
sionierte Fußballfans, sondern auch die konsumorientier-
ten Besucher auf der Tribüne und die Damen und Herren
in der VIP-Lounge. Bermudadreieck und Himalajagipfel
hat er zu verbinden. Die Sponsoren wollen sich betreut,
die Journalisten informiert fühlen. Auch dazu hat er seine
Stimme zu erheben. Und das Ende der Fahnenstange ist
noch längst nicht erreicht. Erleben wir noch den Stadionsprecher im Thomas-Gottschalk-Stil? Das ist durchaus
möglich.

Wer hat Angst vorm Mikrophon?

Es gab einmal eine Kunst, die hieß Fußballreportage. Die
Hymnen eines Heinz-Florian Oertel an den Fußball hatten
viele Menschen im Ohr. Ob BFC oder Union, Carl-Zeiss
oder Lok, er lockte noch aus dem langweiligsten Spiel Pas-
sagen heraus, die der bildhaften Beschreibung würdig waren. Große Stunden des Fußballsports sind ihm zu verdanken.

Viele Reporter haben sich wie er an der Fußballreportage versucht. Aber es gab kaum einen, der Sprache und
Spontanität so vereinte oder die geballte Macht des Wortes so zu nutzen verstand wie einst Oertel.

Um zu erfahren, was aus dem Wort an die Hörerinnen
und Hörer geworden ist, braucht man heute nur das Radio
anzuschalten. Ohne Scham werden die Zuhörer mit solchem Unsinn belästigt wie: »Das Wetter ist gut. Der Rasen ist grün. Die beiden Mannschaften spielen bereits. Es
steht 0:0. Lassen wir noch dieses Bild an uns vorüberzie-
hen.«

Dabei könnte doch jeder hier loslegen. »Die Chance zur
freien Rede ist gegeben. Also ergreife sie!«, möchte man
den Herren, in der Regel sind es Herren, zurufen. Doch die
würden allein schon wegen des Raschelns ihrer Papiere den
Ruf überhören. Denn vor ihnen liegen die Schriftstücke, die

dem Publikum gründliche Vorbereitung vorgaukeln sollen. Dabei lesen sie nur die Statistiken aus dem Stadionheft ab oder leiern die Ergebnisse vergangener Spieljahre herunter: »1956 hatte die Mannschaft schon einmal 0:3 hinten gelegen und ein 4:3 geschafft. Aus diesem Team steht zwar kein Spieler mehr auf dem Platz, aber möglich ist auch heute so ein Ergebnis, theoretisch.« Was nun kommt, erspart sich meist der Zuhörer. Er hat bereits auf einem anderen Sender versucht, etwas über das Spiel seiner Mannschaft zu erfahren. Und das möglichst von einem Reporter, bei dem ihm nicht die Füße und Hände einschlafen. Aber auch die nächste Station läßt ihn im Stich. Nicht, daß dort einer langweilend ins Mikrophon quakelt, es sind gleich zwei. Die Rundfunkstation arbeitet mit einem der so beliebten Co-Kommentatoren. Das ist vielleicht etwas Feines! Da hocken zwei zusammen, die sich gegenseitig ins Wort fallen oder das bestätigen, was der andere schon gesagt hat. Der Hörer kann dabei nur hoffen, daß den beiden irgendwann mal ein Satz unterläuft, der so viel Information enthält, daß er noch erfährt, wie es auf dem »grünen Rasen« und um die »blaue und die grüne Mannschaft« steht.

Folglich erinnert sich jeder gern an den begeisternden Ton, den emotionalen Schwung und die explosiven Ausbrüche eines Heinz-Florian Oertel. Er gönnte es sich, schlechte Spiele schlecht zu nennen, alberne Freudenausbrüche lächerlich zu machen und traute sich, die Zuhörer über den Tellerand des Fußballgeschehens blicken zu lassen.

Einen wie ihn sucht man heute beinahe vergeblich.

In der Ruhe liegt die Kraft

Schon heute ist der Zuschauer über die gesamte Woche mit Fußball versorgt. Die Bundesliga nimmt bereits drei Tage der Woche ein: meistens Freitag, Samstag und Sonntag. Montag ist zweite Bundesliga, Dienstag UEFA-Pokal,

Mittwoch Champions League, Donnerstag Pokal der Pokalsieger. So organisiert sich der Fan seine Woche. Selbst das Jahr kann er derartig ordnen. Im Sommer beschäftigen ihn die Endrunden des Europapokals, dann kommen die nationalen Pokalspiele, es folgt der Supercup, zum Jahresende der Weltpokal. Im Winter geht der Fußball in die Halle. Dazwischen qualifizieren sich die Ländermannschaften für die Welt- und Europameisterschaften.

Auch in dieser Hinsicht ist ein Ende nicht abzusehen. Da erstaunt es nicht, daß Fußballer auf den Gedanken kommen, die Verlängerung des Lebens einzuklagen. Ungelogen fordern ein paar Leute aus dem englischen Manchester eine Ausdehnung der Fußballsaison um ein paar Tage. Angenommen, man gäbe dem Ansinnen heute statt, und dann nochmal, und nochmal, was bliebe übrig, als in nicht allzu ferner Zukunft das Jahr um einige Wochen auszudehnen. Im Fall der Kicker von Manchester United geht es um ein Zukunftsproblem des Fußballs. Wie soll ein erfolgreiches Team alle Pflichtspiele unter einen Hut bringen und dabei noch leistungsstark bleiben? Die Einführung der englischen Woche sollte ihnen gerade dabei helfen, indem sie andere Tage der Woche für Meisterschaftsspiele anbot. Doch verbesserte das auf lange Sicht nicht die Situation der Spieler, denn diese Regelung schuf gleichzeitig die Möglichkeit, noch häufiger zu spielen. Die Mannen aus Manchester lagen z.B. in der englischen Meisterschaft ganz vorn und waren noch in der europäischen Champions League dabei. Viermal mußte United in einer Woche antreten. Zuviel selbst für die Erfinder der englischen Woche. Tja, wer gut ist, muß viel spielen. Wer viel spielt, geht schneller kaputt und spielt dann nicht mehr so gut. Ein Circulus vitiosus – ein Zirkelschluß. Sollte diese Entwicklung etwa den schwächeren Mannschaften künftig eine Chance geben?

In dieser Saison konnten die deutschen Fußballfans die Auswirkungen des Problems sehr gut am Werdegang von Borussia Dortmund beobachten. Den Glauben an eine Verteidigung des im Vorjahr errungenen Meistertitels warf

man dort rasch über Bord. Ganze elf Spieler aus dem Kader fielen wegen Verletzung aus – zeitgleich. Der Dauerstreß ging auf die Knochen, Bänder und Muskeln. Die Dortmunder waren nun nicht so wohlhabend, um sich ein zweites, wenn auch nicht so gutes Team leisten zu können. So mußten die Jungs um Möller und Sammer immer wieder ran. In der Meisterschaft, in der Champions League, in der Nationalmannschaft, im Pokal, in Freundschaftsspielen usw. Das konnte nicht gutgehen.

Wie auch immer. Meister sind die Borussen zumindest nicht geworden, sondern die gesunde Streitmacht um Trapattoni. Tja, in der Ruhe lag die Kraft. Aber auch bei den Bayern wird die Kraft zum Problem werden: Champions League, DFB-Pokal, die nächste Meisterschaft und die große Kohle warten schon auf sie. Das schafft. Für einen Fußballer ist das Leben einfach zu kurz. Und es wird nicht länger. Denn weltweit wird daran gebastelt, daß die Rundum-Versorgung mit Fußball auch zukünftig jeden Haushalt erreicht. Ob er nun will oder nicht.

Vom Fanartikel zur Symbolfigur –
Ein Gartenzwerg erzählt

Die vergangene Saison hatte mich fast auf dem Gewissen.

Ich stand hier im Garten von Rainer und Sabine und verschmutzte langsam. Seit Wochen wurde ich nicht mehr abgespritzt. Die beiden hatten mich vergessen. Das ist für einen Gartenzwerg nicht gut und für einen namens Hansa ganz schlecht. Immerhin sind wir doch eins mit dem Fußball. Er hat uns geboren. Und wir sind sein Barometer der Zuneigung.

Voriges Jahr bin ich für die Wintermonate ins Haus gekommen. Dieses Jahr schien keiner daran zu denken. Hansa stand für die Winterpause im Regen und ich damit auch. Im wahrsten Sinne des Wortes.

Eine nicht gerade lustige Geschichte.

Unter den 640 Positionen der Hansa-Fanartikel bin ich der Gartenzwerg. Der Spaßmacher. Tatsache. Ich habe das Hansa-Trikot an, eine blaue kurze Hose, die blauen Stutzen und Fußballschuhe. Mein rechter Fuß steht auf einem Fußball. Die rechte Hand ruht auf dem Knie und die linke habe ich locker in die Hüfte gestützt. Ein Bild für die Götter. Und das für ganze 69,90 DM. Das sollten Sie sich merken. Vielleicht möchten Sie Ihren Garten mit mir schmücken oder einen guten Bekannten mit mir beschenken? Winken Sie nicht ab. Man kann nie wissen.

Nie hätten Rainer (28) und Sabine (24) gedacht, daß sie sich einmal von Kopf bis Fuß in Vereinsfarben einhüllen würden. Vom Hausflur bis ins Schlafzimmer, vom Garten bis in die Dachkammer – wohin das Auge auch schaut, ist es blau-weiß.

Die beiden sind schon einige Jahre Anhänger des FC Hansa Rostock. Zu DDR-Zeiten mußten eine Fahne, ein Abzeichen und ein Schal (selbstgestrickt) genügen. Wenn sie sich jetzt zurückbesinnen, hatte ihnen das eigentlich gereicht. Aber da kannten sie ihre wahren Bedürfnisse noch nicht.

Bei Rainer und Sabine fing es ganz harmlos an. Mit den

91

Trainingsanzügen. Rainer hatte sie gekauft. Ihm gefiel die Form, der Schnitt, die Farbe. Mit der Jogginghose ging er sogar einkaufen. Bald trug er sie zu fast jeder Gelegenheit. Das ging so lange gut, bis er mit Sabine ins Kabarett ging und dort das Lied von der Jogginghose der Kabarettistin Sybille Schrödter aus Hamburg hörte. Die veralberte die Jogginghosenträger derart, daß Sabine ihn mit dem Ding nicht mehr loslaufen lassen wollte. Rainer hat sich aber durchgesetzt. Stattdessen kaufte er auch Trikot und Hose von Hansa sowie alles dazu passende. Vom T-Shirt über den Sweater, bis hin zum Kapuzenshirt. Ein Cap kam hinzu, Shorts, Polo-Hemden, Regenjacken und Windbreaker mit vielen Aufnähern, Aufklebern und Stickern. Der obligatorische Schal folgte, Stadionkappe, Stadionmütze, zwei Sitzkissen. Weil man nun schon einmal dabei war, gab es Boxer-Shorts, Mini-Slips, Night-Shirts, Schlafanzüge, Shortys, Socken in blau, Bademäntel in weiß, Handtücher und für Rainer die Hansa-Krawatte und die Hosenträger. Für den Winter besorgten sich beide Pudelmützen, Pullover, zwei, drei Rollis, Stirnbänder und Hansas Winterjacken.

Daß eine solche Einkleidungsorgie vor den beiden Söhnen nicht haltmachen würde, war zu erwarten. Während Heiner das ganz geil fand und sich neben der Kleidung mit Fahnen, Wimpeln, Mannschaftskarten und Postern eindeckte, mäkelte Ludwig immer häufiger an seinem Hansa-Schulranzen, Füller, Hefter, Sportbeutel, der Sporttasche, seinen Schulheften, Ringbuchblöcken und der blöden Hip-Hop-Mütze rum. Aber es half nichts. Inzwischen liegt vor der Tür die Hansa-Matte, im Wohnzimmer steht die Hansa-Couch Nova, geschlafen wird in Hansa-Bettwäsche, im Bad sind Duschvorhang, Ducheinlage, Seifenschale und -spender sowie Zahnputzbecher und Zahnbürstenhalter nebst Protector-Naßrasierer mit dem beliebten Hansa-Logo versehen. Im Bücherregal stehen die Hansa-Bücher und der Stadtplan, Heiner hat ein Freundschaftstuch von seiner Freundin geschenkt bekommen, das Auto fährt mit Dekorstreifen und Scheibenaufklebern, mit Autokissen und Autoschild, geschrieben wird nur mit Hansa-Kugel-schreibern und -Füllfederhaltern, man besitzt die Hansa-CDs und -MCs, gespielt wird nur mit Hansa-Bällen und getrunken aus Hansa-Tassen. Den Raumerfrischer, die Regenschirme, die Schlüsselanhänger, den Kalender, die Fan-Kordel, den Flaschenöffner, die Kondome ... kurz – alles, was so eine vierköpfige Familie zum Leben braucht, kauft sie bei Hansa. Selbst das Bier kommt von dort (richtiger: das Logo auf der Bierbüchse). Und daß es immer häufiger bei Rainer und Sabine Nudeln gibt, liegt daran ... na ja.

Als Hansa das Überraschungsei aller Fußballfans war und

die Meisterschaft 1995/96 mit einem beachtlichen 6. Platz abschloß, da wurde ich gekauft. Dazu die Videokassette Hansa Story, die Wanduhr in weiß, ein Hansa-Banner für das Dachfenster, Telefonkarten, Taschenlampen, ein Skatspiel, Taillentaschen, und nach dem Sieg über Bayern München wechselte man die gesamte Sportkleidung der Jungen aus. Zwei Autogrammbälle gab es überdies. Die Euphorie über den beinahe erreichten UEFA-Pokalplatz war gewaltig.

In der nächsten Saison legte sie sich dann ganz flach auf den Rasen – die Euphorie. Doch nur bei Rainer, Sabine und Heiner. Ludwig war ja nie so recht euphorisch gewesen.

Während der Verkauf von Fanartikeln aller Art langsam, aber merklich zurückging, ging der Absatz von Hansa-Gartenzwergen stramm gegen Null. Nur die ganz eingefleischten Anhänger des Vereins blätterten auch künftig die fast siebzig Mark auf den Verkaufstisch und stellten uns in die Rabatten oder auf den Rasen.

Doch am Ende der Saison wurde wieder Wind um uns gemacht. Nicht, daß etwa ein Kaufboom uns alle hinweggerafft hätte. Nein, wir wurden immer häufiger in der Presse genannt. »Gestern ein Riese, heute ein Zwerg« hieß eine Überschrift. Oder: »Ein Zwerg namens Hansa«. Schließlich: »Vom Fanartikel zur Symbolfigur: der Gartenzwerg«.

Eine völlig neue Situation. Wir Gartenzwerge standen plötzlich für den ganzen Verein. Mir war in den folgenden Wochen nicht ganz klar, was besser ist: von den Käufern unbeachtet zu bleiben oder von den Journalisten zur Symbolfigur hochstilisiert zu werden.

Beides war nicht angenehm.

Immer häufiger kamen Rainer, Sabine und Heiner traurig vom Fußballplatz zurück. Ludwig grinste hämisch. Das Banner hatte er bereits eingezogen. Und ich sah mich schon im Müllcontainer auf blau-weißem Grab.

Doch dann geschah das Wunder. Eines Tages hörte ich einen gellenden Freudenschrei aus dem Haus. Ach was – kein Freudenschrei, ein tobendes, sich ständig überschlagendes Gebrüll war es. Hansa hatte im vorletzten Spiel endlich die notwendigen Punkte erkämpft, um den Klassenerhalt zu sichern. Endlich war der lange Tunnel durchfahren und man sah wieder Licht. Und ich konnte es kaum glauben, drei Minuten nach dem Spiel sah ich mich Aug in Aug mit der Düse des Wasserschlauchs. Am Wasserhahn stand Sabine. Sie quietschte nur »Wir haben's geschafft!« und da umgab mich schon ein Schwall wundervollen Wassers.

Fußball und Gewalt

Wieder einmal ist Sonnabend. Hansa hat ein Heimspiel. Herr Gründer fährt seinen Golf von der Parkstraße in die abgelegene Felix-Stillfried-Straße. Morgen wird er ihn wieder abholen. Natürlich in der Hoffnung, daß die Antenne nicht abgeknickt, der Auspuff nicht abgerissen ist, die Scheiben nicht eingeschlagen und die Reifen nicht zerstochen sind. Alles schon einmal dagewesen. Deshalb auch diese umständliche Vorsichtsmaßnahme. »Die Randalierer ziehen durch die Hauptstraßen, selten suchen sie Nebenstraßen heim.« Herr Gründer hofft. Ob zu Recht, wird er morgen sehen.

Was ist also dran an der Behauptung, daß Fußball und Gewalt Zwillinge sind? Offenbar nicht wenig. Doch befragen wir die Geschichte. Sie erzählt uns vom 17. August 1986: Im Spitzenspiel der ersten mexikanischen Liga zwischen Gastgeber America und Guadelajara im Aztekenstadion von Mexico-City entwickelte sich 20 Minuten vor Spielende zwischen den Spielern der beiden Mannschaften eine brutale Schlägerei, in die sich auch einige Zuschauer einschalteten. Als sich die Streithähne partout nicht beruhigen wollten, schickte Schiedsrichter Antonio

Marquez in der 83. Minute alle 22 Spieler in die Kabine und brach das Spiel ab.

Wir gehen weiter zurück: Auch über den Köpfen der alt-chinesischen *Tsu-küh*-Spieler schwebten des öfteren die Fäuste. Dort waren die Tätlichkeiten allerdings eingeplant und wurden keinesfalls als Problem gesehen, denn sie gehörten zum »geselligen Teil«. Zu Beginn wurde der Spielführer der unterlegenen Mannschaft beschimpft. Dann gab es Schläge für die Besiegten. Fairerweise muß man sagen, daß das nicht immer der Fall war. Traten aber solche Abstrafungen auf, durfte das Publikum aktiv teilnehmen.

Doch es geht auch wilder: Noch im Jahre 1634 ist bei den Micmac, einem Stamm in Neuschottland, beim Kampf um den Ball jedes Mittel erlaubt, selbst der Totschlag des Gegners.

Und wir wissen, daß auch heute niemand so richtig sicher ist: Der Franzose Jean-Pierre Cyprien vom Verein Xamax Neuchatel hatte es auf den St. Galler Spieler Moura abgesehen. Doch als er nach ihm trat, traf er mit seinem gestreckten Bein nur dessen Trainer Roger Hegi an der schmerzhaftesten aller männlichen Stellen.

Man könnte also tatsächlich denken, Gewalt gehört zum Fußballerbe, wie die Milbe zu einem Teppich. Sie ist nicht immer sichtbar, und doch ist sie da. Aber es gibt Ausnahmen von der Regel. In Rostock erinnert man sich jedenfalls gern an die schönen Zeiten, als solche Meldungen im Hansa-Programmheft zu lesen waren: »Für ihre Ausschreitungen und ihr ordnungswidriges Verhalten im Ostseestadion beim Punktspiel unserer Mannschaft gegen den 1. FC Magdeburg (1:1) am 20. Februar 1982 erhielten einige unbelehrbare jugendliche Zuschauer Stadionverbot bis zum Saisonende (30. Mai 1982) ...« Dann wurden zehn Namen aufgezählt. Oder: »Wegen rowdyhaften Verhaltens und Widerstands gegen die Ordnungskräfte beim Punktspiel Hansa gegen FCV (1:2) wurde gegen folgende Bürger Stadionverbot ausgesprochen ...« Es folgten fünf Namen. Oder: »Gegen die Sportfreunde ... (es folgten drei Namen) wurde Stadionverbot für alle

1

2 Einer gegen alle: André Hofschneider im 0:0-Spiel gegen Bayern München, 1995.

3 Fußball macht Freude. Jonathan Akpoborie in den Armen von Super-
Mario Basler.

4, 5 Auf die Bemalung kommt es an. Hansa-Fans 1997.

6 Slawomir Chalaskiewicz legt die Kriegsbemalung an, und Hansa gewinnt gegen den HSV 2:0, April 1996.

7 Ein Spiel zum In-die-Luft-Gehen: FCH–VfL Wolfsburg 0:1.

8 Objekt der Begierde: Abklatschen mit Hansa-Keeper Perry Bräutigam.
9 Wer spricht da noch vom »Erzfeind St. Pauli«? Paul Caligiuri und Heiko März, September 1995.

10 Wenn die Stimmung auf dem Höhepunkt ist, sind die Cheerleader dabei.

11 Diana Mucha wirbelt mit ihren Freundinnen die Puschel

12 Eine der vielen Glanzparaden des Perry Bräutigam.

13 Martin Groth startet durch.

14 Jeder will den Ball. Markus Babbel klärt vor Slawomir Chalaskiewicz.

15 Jonathan Akpoborie und Osei Kuffour in Erwartung einer Flanke.
16 Goran Markov und Stefan Beinlich 1995 beim 1:1 gegen Eintracht
Frankfurt.

17 Hilmar Weilandt setzt sich gegen Rudi Völler eindrucksvoll in Szene,
August 1995.

18 Sie gehören zu den Treuesten der Treuen.

19 Das letzte Saisonspiel 1996/97 gegen Schalke 04 wird verloren.

20 Hoffentlich wegweisend: Barbarez schießt beide Tore im Spiel gegen den HSV und sorgt somit für den ersten Sieg der Saison 1997/98.

21 Der offizielle Fototermin war schon immer ein Spaß.

22 Ernsthafte Mitarbeit ist beim Gruppenfoto Voraussetzung.

23 Christian Beeck

24 Slawomir Majak

25 Timo Lange

26 Heiko März

27 Perry Bräutigam

28 Daniel Klewer

29 Uwe Ehlers

30 Björn Laars

31 Marko Rehmer

32 Toni Micevski

33 Enrico Röver

34 Slawomir Chalaskiewicz

35 Jens Dowe

36 Martin Groth

37 Hilmar Weilandt

38 Marco Laaser

39 Thomas Gansauge

40 Stefan Studer

41 Martin Pieckenhagen

42 Yasser Achmed Radwan

43 Marco Zallmann

44 Borislav Tomoski

45 Steffen Baumgart

46 Ralf Ewen

47 Sergej Barbarez

48 Igor Pamic

49 Co-Trainer Andreas Zachhuber und Juri Schlünz

50 Cheftrainer Ewald Lienen

51 Wer hat die schnellsten und allerschönsten Fußballerbeine?

Spiele des FC Hansa bis zum 31. März 1986 ausgesprochen.«

Warum sprechen wir von »schönen Zeiten«? Ganz einfach. Da waren diejenigen, die randalierten, vandalierten und prügelten in einer solch bedeutungslosen Minderheit, daß man sie noch namentlich nennen konnte. Man stelle sich vor, Hansa versuchte das heute ...

DIE STARS IN DER MANEGE

»Wenn ich das Fußballspiel in einem Satz auf den Punkt bringen soll,
halte ich es mit Sepp Herberger, denn treffender kann man es nicht
sagen: ›Erstens – Tore verhindern, zweitens – Tore schießen.‹«
(Ex-Hansa-Trainer Dr. Horst Saß im Interview)

Der heilige Trainerstuhl mit Schleudersitz

Als der Fußball in seinen Kinderschuhen steckte, waren
Training und Trainer noch unbekannte Worte. Mit Männern
wie Herbert Chapman änderte sich das. Er soll im Jahre
1922 der erste richtige Trainer der Fußballgeschichte gewesen sein. Er trainierte Huddersfield Town und die lange
als unbesiegbar geltenden Mannen von Arsenal London.
Zwei Cupsiege und sechs Meisterschaften zwischen 1922
und 1934 sprechen für ihn. Er schuf den Mythos des Trainers, denn er propagierte wie kein zweiter, daß Fußball
erlernbar sei: Durch beharrliches Üben verbessere der
Spieler nicht nur seine Technik, sondern auch sein fuß-
ballerisches Denken. Dadurch stieg natürlich auch der
Anspruch an den Trainer, was ihn zum Erfolg verdammte.
Darin unterschied er sich in keiner Weise von seinen
heutigen Kollegen. Auch sie müssen Erfolg haben. Haben sie den nicht, fliegen sie. Der hochdotierte Schleudersitz gehört zur Grundausstattung des Trainerstuhls.
Die betroffenen Trainer schleudert er dann auch meilenweit. Den Rehagel z.B. von München nach Kaiserslautern,
den Reinders von Rostock nach Leipzig und den Dixie
Dörner gleich zu Beginn der Saison von Bremen nach ir-
gendwo.

Zehn und mehr »Trainerflüge« in einer Saison sind in der
ersten und zweiten Bundesliga nicht selten. Manche Trainer haben schon ein richtiges Schleudertrauma. Aber immer wieder finden sich Männer, die den Trainerstuhl samt
Schleudersitz in Kauf nehmen. Denn es gibt Zeiten, wo

Sitz und Stuhl relativ sicher sind. Die Mannschaft spielt einen ansehnlichen Ball, der Tabellenplatz ist in Ordnung, die Zuschauer kommen in Scharen und Sponsoren geben sich die Klinke in die Hand. Dann hat der Trainer die Unterstützung der Vereins-Chefetage, der Medien, der Fans und üblicherweise auch die Anerkennung der Spieler. Ist das der Fall, wird der Trainerstuhl zum Sessel und ist »heilig«. Der Unantastbare darf sich dann einiges erlauben. Bis hin zu nicht gerade bescheidenen Gehaltsforderungen. Doch wehe, wenn der Erfolg ausbleibt. Dann läuft fast immer das gleiche Theater ab: Der Trainer kommt in die Kritik. Es gibt Gerüchte, egal welcher Art. Am beliebtesten ist das Gerücht, der Trainer käme nicht mehr mit der Mannschaft zurecht. Es gäbe atmosphärische Störungen. Das dementiert der Vorstand. Erst einmal. Dann erfährt die Öffentlichkeit, daß einige Leitungsmitglieder Bedenken haben, ob der Trainer die schwierige erfolglose Phase beenden könne. Die Phase wird dann zur Krise breitgeredet. Nun haben es einige Vorstandsmitglieder eilig zu beteuern, sie hätten seit langem schon Bedenken gehabt. Das ist ein entscheidender Zeitpunkt, denn jetzt wird eine Schmutzlawine sondergleichen losgetreten. Beim

Jürgen Heinsch, heute Nachwuchsmanager des FC Hansa, trainierte die Mannschaft insgesamt fünf Jahre.

nächsten 0:2-Heimspiel klingt es schon aus der Fan-Kurve: »Trainer raus! Trainer raus!« Dann wird es höchste Zeit und der Vorstand aktiviert den Schleudersitz. Der Trainer fliegt.

In Rostock waren in den Jahren von 1954 bis zur Wende 15 Trainer tätig. Walter Fritzsch hielt sich am längsten – ganze sechs Jahre. Aber das war zu DDR-Zeiten.

Allein von 1990 bis 1994 gab es in Rostock fünf Trainer-wechsel. Da sind die zwei Jahre des Uwe Reinders Re-kord! Daß die Wechsel künftig munterer vonstatten gehen und das gewöhnliche Bundesliganiveau erreichen, darf an-genommen werden. Denn Rostock spielt nicht in der Tan-nenschonung, sondern in der 1. Bundesliga. Da sind die Trainerwechsel auf Weltniveau! Dem wird sich Hansa an-gleichen müssen. Für Frank Pagelsdorf waren das keine guten Aussichten. Er überstand die Diestel-Anfechtun-gen mit Bravour und Dickfelligkeit, doch dann entschied er sich, selber zu gehen, ehe ihn das Schicksal so mancher

Vorgänger ereilte. Aber immerhin hat er sich drei Jahre gehalten.

»Ein Trainer«, so sagt Jürgen Heinsch, beschlagen in Sachen Trainerschicksal, »muß in dem Profigeschäft Praktiker und Theoretiker, Motivator und Antreiber sein. Manchmal auch Schleifer und Schinder. Aber immer muß er einer sein, der fachkundig sagt, wo es langgeht. Wenn es ihm gelingt, dank eigener Überzeugungskraft, den Glauben an sein ureigenstes Konzept den Spielern zu vermitteln, ist das schon die halbe Miete. Kann er damit auch noch die Gegner beeindrucken, dürfte er es geschafft haben. So – wie es ganz allgemein gesagt – Walter Fritzsch Anfang der 60er Jahre in Rostock gelungen ist.«

Eine Mannschaft fährt Fahrstuhl

Trainer Oswald Pfau hatte mit Empor Rostock den Norden jubeln gemacht. Mit seiner frisch importierten Lauter-Mannschaft bot er nicht nur sehenswerten Fußball, sondern führte das Team kurz vor der Umstellung zum sowjetischen Spielbetrieb auf den zweiten Platz in der Halbserie des Jahres 1955. Doch mit dem Erfolg kam der Ruf des Trainers nach Berlin. Man brauchte ihn dort als Nationaltrainer. Und so sehr sich die Pfau-Nachfolger Willi Möhring, Erich Dietel, Heinz Wiesner, Heinz Krügel auch bemühten, erst Walter Fritzsch, dem Fuchs, war es vergönnt, Empor wieder auf einen Erfolgskurs zu bringen. Erst mit ihm kam man 1960 in das FDGB-Pokal-Endspiel und unterlag SC Motor Jena nur knapp in der Verlängerung.

Eine gute Mischung von jung und alt hatte der Trainer da beieinander. Die heimlich belächelten Aufzeichnungen, Notate, Karteien und Statistiken des genauso akribischen wie harten Trainers harmonierten glänzend mit dessen Übungsleiterauffassung, nach der Fleiß, Disziplin, Kreativität und Mobilität den erfolgreichen Trainer ausmachen würden. »Immer knobelte Fritzsch an besonderen Trainingseinheiten. Kraftsport mit Eisenplatten unter Eishockeyschuhen,

Hechtrolle über den Kasten oder freie Überschläge am Boden, Zuspielformen im begrenzten Quadrat, Anlegen und Führen von Spielerbüchern mit Benotung und Beurteilung – Fritzsch hatte immer einen Clou auf der Pfanne und deshalb auch Erfolg, Autorität und Achtung,« lobt Jürgen Heinsch noch heute seinen alten Trainer.

Dem erfolgreichen, aber in letzter Instanz doch etwas glücklos operierenden Walter Fritzsch, folgen Gerhard Gläser (1965–1969) und Dr. Horst Saß (1969–1973).

Horst Saß, der aus Greifswald nach Rostock geholt wurde, steht in dem Ruf, die Steigerung der Fritzsch-Akribie ins Wissenschaftliche zu verkörpern. Noch heute staunt der Sportwissenschaftler Saß darüber, daß sich diese einmal von einem Berliner Journalisten in die Welt gesetzte Fehldeutung so lange hält: »In der gesamten Republik waren Anfang der 70er Jahre sportmedizinische und trainingswissenschaftliche Erkenntnisse auf dem Vormarsch. Rostock machte da keine Ausnahme. Da man den erreichten Fortschritt mit den Händen greifen konnte, hatte die Sportwissenschaft ein dementsprechendes Ansehen. Besonders in den Individualsportarten. Ob Leichtathletik oder Schwimmen, Gewichtheben oder Radfahren – Hand in Hand mit der Wissenschaft ging es stürmisch aufwärts. Wenn man uns Trainern im Mannschaftssport einen Vorwurf machen könnte, dann den, die Ergebnisse in diesen Sportarten allzu schnell auch bei uns erreicht haben zu wollen.«

Als Horst Saß an die Warnow kam, brachte er hochfliegende Pläne und einen unbändigen Erfolgswillen mit. Aber eben auch den Doktortitel. Dieser Titel und ein allzu flüchtiger Blick auf seine Trainingsmethoden, auf die Einführung eines Kreistrainings, verbunden mit Leistungstests, die Umstellung auf die Steigerung des Durchsetzungsvermögens und der Kampfkraft, führten zum vorschnellen Schluß, durch die Trainingspläne von Dr. Saß pfiffe ein rauher und spielferner akademischer Wind. Hansa marschierte zwar vom 12. Platz 1969/70, der gerade noch den Klassenerhalt sicherte, auf den 8. Platz 1970/71, aber der Klub blieb unter den Erwartungen. Besonders die Oberen des Bezirks

P r o g r a m m e   zur Entwicklung der Ausdauer,
Schnelligkeitsausdauer und Schnelligkeit

Ausdauer: - 8 - 1o km   Dauerlauf
          - 8 - 1o km   Dauerlauf mit
             1o x 1oo m Steigerungen

Schnelligkeitsausdauer:
          - 15 x 3oo m
          - 5 x 2oo m, 5 x 15o m, 5 x 2oo m,
             5 x 15o m
          - 5 x 15o m, 5 x 1oo m, 5 x 5o m

Schnelligkeit:
          - 5 x 2o m, 5 x 3o m, 5 x 5o m
          - Reaktions- und Antrittsübungen

Im wesentlichen arbeite ich mit diesen Formen.
Auf die Dosierung möchte ich hier nicht eingehen.
    Das ist sicherlich hierfür auch nicht erforderlich.

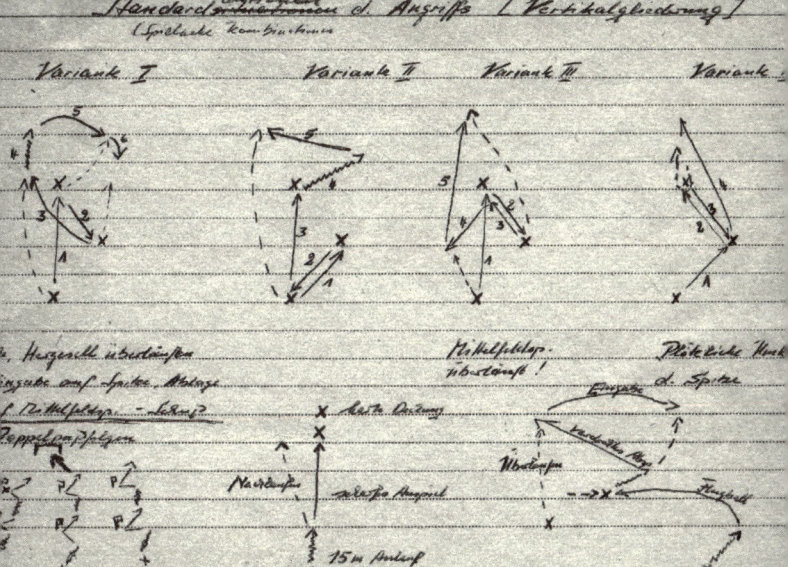

Karteikarten waren nicht nur bei Walter Fritzsch ein viel genutztes Arbeits-
mittel. Diese Aufzeichnungen stammen von Dr. Horst Saß, der unter anderem
Nationalspieler Gerd Kische und den jetzigen Hansa-Geschäftsführer Dr. Helmut Hergesell trainierte.

103

wollten da mehr. Überhaupt forderte damals die Sportführung den Trainern eine Menge ab. Sie zweifelten nicht am Können der Trainer, wußten aber kaum etwas über ihre Arbeitsweise. Schneller Erfolg wurde gefordert, auch wenn die gewünschten Ergebnisse nur durch einen längeren Arbeitsprozeß zu erreichen waren. So maß man sie – wie im Westen auch – am Tabellenplatz. Am Erfolg. Den hatte Rostock nicht. Zumindest nicht im gewünschten Maße. Auch nicht mit Hilfe der Wissenschaft. Zwar folgten unter Trainer Saß noch Oberligaplätze im gesicherten Mittelfeld (auf den 9. Platz 1971/72 folgte ein zehnter Rang), auch schuf er noch für die Saison 1973/74 die Voraussetzungen, die Hansa zum 7. Platz aufsteigen ließen, doch unter Saß-Nachfolger Heinz Werner ging es am Ende der Spielzeit 1974/75 ab in die DDR-Liga.

Allerdings fanden die Methoden, die Dr. Saß zwischen 1969 und 1973 angewandt hatte und die auch in anderen Oberligamannschaften zu Erfolgen führten, Anerkennung. Mit einigen Abstrichen und kleinen Abwandlungen werden sie noch heute in unterschiedlichsten Mannschaften, so auch bei Hansa, zur Leistungssteigerung eingesetzt.

Die Trainer Heinz Werner, Helmut Hergesell, Jürgen

Heinsch und Harry Nippert mühten sich in den folgenden Jahren, im Paternoster halbwegs Haltung zu bewahren. Oberliga 1976/77, Liga 1977/78, Oberliga 1978/79, Liga 1979/80, Oberliga 1980/81. Hansa hatte tatsächlich den Ruf einer Fahrstuhlmannschaft bekommen.

Woran lag es? Rainer Jarohs, der in diesen Jahren dreimal mit Hansa auf- und abgestiegene Stürmer, sagt dazu: »Hansa wurde Anfang der 70er Jahre verjüngt. Es verließen Spieler wie Pankau, Seehaus, Kleiminger, Drews usw. den Verein. Dann kam die Generation Streich-Kische. Der Torschütze Streich hat Hansa in Richtung Magdeburg verlassen – da bekamen wir Schwierigkeiten gerade im Sturm. Auf Verstärkung aus den Schwerpunkt-Klubs war nicht zu hoffen. Uns hielt man für einen Provinzverein.«

Diesen »Provinzverein« übernahm in der Saison 1985/86 Übungsleiter Claus Creul. Der kümmerte sich nach eigenen Angaben »in erster Linie um den politisch-ideologischen Bereich«. Aber eine echte Mannschaft vermochte er nicht zu formen. In der Folge coachte er die Mannschaft ideologisch und irgendwie logisch hinunter in die Liga. Nach fünfjähriger Oberligazugehörigkeit!

Werner Voigt brachte die Hanseaten wieder ins Oberhaus. Nach der Wende kam der Trainer-Westimport Uwe Reinders. Der brauchte kein Hexenmeister oder Magier zu sein, auch kein Motivationstalent. Die Jungs liefen um ihren Job. Mit diesem Ansporn wurden sie kurz vor dem endgültigen Niedergang des Arbeiter- und Bauernstaates das, was Hansa zwischen 1961 und 1964 dreimal knapp verpaßt hatte, nämlich DDR-Meister, allerdings unter der offiziellen Bezeichnung NOFV-Meister, da dem Titelgewinn die Gründung des Nordostdeutschen Fußballverbandes vorausging. Ähnliches gilt für den errungenen NOFV-Pokal, der an die Stelle des FDGB-Pokals trat. Wie auch immer – der Titel ermöglichte den sofortigen Aufstieg in die 1. Bundesliga.

Nach Euphorie, Hickhack und Abstieg in die Zweitklassigkeit setzten sich Erich Rutemöller und Horst Hrubesch bei Hansa in den Trainerstuhl, um zu erleben, daß nun auch die Trainerstühle in einem Ostverein mit sensibel reagierenden Schleudersitzen versehen worden waren.

Erst der Berlin-Hannoveraner Frank Pagelsdorf belebte wieder Siegeswillen und Besessenheit der Mannschaft, die unbedingt den Erfolg brauchte, um nicht wie Dynamo Dresden ins Bodenlose zu fallen. Die Ostfußball-Bastion wollte und sollte als Identifikationsgröße weiter wirken.

Frank Pagelsdorf kam mit neuen Spielern an die Küste und führte sie mit den lokalen siegeswilligen Matadoren zusammen. Da er auch den richtigen Ton fand und die richtigen Tricks anwendete, um die Profis nach den erfolglosen Jahren wieder zu motivieren, konnte er Hansa in die 1. Bundesliga zurückführen und beinahe auf einen der bereits angesprochenen UEFA-Cup-Plätze bringen. Ganz engagierte Hansa-Fans sprachen schon davon, die Hanse-, Universitäts- und Fußballstadt Rostock in Pagelsdorf umzubenennen. Ein bißchen voreilig, wie sich nach der Saison 1996/97 herausstellen sollte. Mit ein paar Tränen im Knopfloch, aber unverzagt, schritt unser aller Fränki nach Hamburg. Von Stadtumbenennung ist also vorerst nicht mehr die Rede.

Ein neuer Trainer wird gesucht

Als bekannt wurde, daß Frank Pagelsdorf Hansa verläßt, stand sofort die Frage, wer Nachfolger werden sollte. Die Vereinsführung hatte sich relativ schnell entschlossen. Sie wollte aus dem Vornamen des ehemaligen den Nachnamen des künftigen Trainers machen. Wolfgang Frank sollte es sein. Der stand noch in Diensten von Austria Wien. Doch er sagte nach erster Zusage ab. Nun schwirrten verschiedene Namen durch die Presse: Rainer Hollmann – Ex-Profi in Braunschweig und Kaiserslautern, aktuell in Lohn und Brot bei den Ägyptern; Eduard Geyer – Ex-DDR-Cheftrainer, gerade mit Energie Cottbus in die 2. Bundesliga aufgestiegen; Klaus Fischer – Ex-Profi in München, Köln, Bochum, Schalke, bis 1995 Amateur-Trainer bei den Gel-

Frank Pagelsdorf verabschiedet sich von seinen Fans.

senkirchenern; Matthias Herget – Ex-Profi in Bochum sowie Uerdingen und gerade mit dem 1. FC Bocholt in die Oberliga abgestiegen, und immer wieder fiel der Name von Ewald Lienen. Am 9. Juni unterschrieb dieser dann einen Zweijahresvertrag bei Hansa Rostock.

Der neue Mann kommt von weit her. Die letzten zwei Jahre war er neben Jupp Heynckes Co-Trainer bei CD Teneriffa, einem erfolgsverwöhnten Team aus der Fußballspitze Spaniens. Der Nichtraucher und Nichttrinker ist ein Fußballbesessener wie er im Buche steht. Der 1953 in Linke bei Bielefeld geborene Lienen hat jahrelang aktiv Fußball gespielt. Er startete beim VfB Holte und ging dann in die Bundesliga. In 333 Spielen schoß er als Stürmer 49 Tore, wurde mit Mönchengladbach UEFA-Cupsieger und spielte einmal für die B-Nationalmannschaft. Er hat das Abitur abgelegt, auch studierte er einige Semester Erziehungswissenschaften. Seinen Fußballehrer-Abschluß machte er an der Kölner Sporthochschule. Bevor er im September 1995 nach Teneriffa ging, trainierte er Jugendliche, Amateure und die Profis des MSV Duisburg.

Mit Pagelsdorf hat der sympathische Coach seine Stürmerposition und eine Fußballsaison in Bielefeld gemein. Nur mit dem Gewicht hat Lienen nicht so zu kämpfen. Drahtig und quicklebendig ist er. Schon beim Einführungstraining konnte man ihn mit seinen Mannen am Ball erleben. »Ich habe mich auf Rostock gefreut und bin bisher nicht enttäuscht worden«, sagte er und meinte damit Region, Stadt und Verein gleichermaßen. Mit seiner Frau Rosi und Tochter Sara (14) sowie dem Sohn Joscha (17) hat er bereits ein Haus in Warnemünde bezogen, die Fragen der schulischen Betreuung der Kinder sind auch geklärt. Ewald Lienen hat sich auf länger in Rostock eingerichtet. Der erste Eindruck, den er vom Verein gewinnen konnte, war ein guter, da »mit Kompetenz und Ruhe gearbeitet wird.« Wenige Tage nach seiner Ankunft in Rostock sprachen wir mit ihm.

Für alle, die noch mehr über den Menschen hinter dem Trainer wissen wollen, beantwortet Ewald Lienen hier einige Fragen zu sich selbst, dem Fußball allgemein und zu seinem neuen Klub.

Weltbürger Lienen – ein Gespräch

Dalk: Herr Lienen, Sie sind nun Cheftrainer des FC Hansa Rostock. Wie gut kannten Sie den Verein vorher?

Lienen: Ich habe die Spiele von Hansa Rostock nach der Wende aufmerksam verfolgt. Mich interessierte schon, welche Trainer hier tätig waren und welche Entwicklung Hansa nimmt. In meiner letzten Bundesligasaison 1991/92 spielte ich mit Duisburg gegen Hansa, und als Trainer hatte ich dann mit Stephan Böger einen Rostocker Spieler in meiner Mannschaft. Insofern bestanden Kontakte. Aber das ist dann auch schon alles. Das gegenwärtige Team werde ich ja schnell kennenlernen.

Dalk: Wo und wie erlebten Sie 1989 den Fall der Mauer?

Lienen: 1987 ging ich von Borussia Mönchengladbach zum MSV Duisburg. Dort erlebte ich dann den Mauerfall. Ein historisches Ereignis. Ich habe sehr bewundert, wie hier viele Menschen mit Mut und gewiß auch Angst alle Anstrengungen unternommen hatten, um sich von den hier bestehenden Strukturen zu befreien. Damit hatte ich eigentlich nicht gerechnet, aber die Menschen haben mich eines Besseren belehrt.

Dalk: In der vergangenen Saison beklagte sich Ihr Vorgänger darüber, daß Hansa auf dem Rasen eine zu brave Truppe sei. Ist Ihnen davon schon etwas zu Ohren gekommen?

Lienen: Nein. Ist das denn so?

Dalk: Frank Pagelsdorf hat die Bravheit sogar öffentlich gemacht und sich in Zeitungsinterviews darüber beklagt.

Lienen: Tja, wenn das so sein sollte – ich werde das überprüfen müssen –, denke ich, daß man etwas dagegen tun müßte. Lassen Sie uns etwas Zeit, dann werde auch ich sehen, was tatsächlich in der Mannschaft steckt.

Dalk: In Kennerkreisen ist die Auffassung lebendig, daß eine erfolgreiche Fußballmannschaft aus elf Freunden bestehen müsse. Ist Freundschaft im heutigen Profi-Fußball überhaupt möglich?

Lienen: Es kommt darauf an, was man unter Freundschaft und Freunden versteht.

Dalk: So im Sinne des Bedürfnisses nach Gemeinsamkeit mit Gleichgesinnten auf der Grundlage der Übereinstimmung in wesentlichen Überzeugungen und Haltungen.

Lienen: Ja, in dieser Hinsicht finde ich, daß freundschaftliche Beziehungen unter den Spielern herrschen müssen, wenn eine Mannschaft erfolgreich sein will. Fußball ist Teamarbeit, die Freude machen soll, und das kann sie nicht, wenn die Spieler nicht harmonieren.

Dalk: Mit dem launigen Satz, daß sieben Straßenkehrer und vier Geigenspieler durchaus ein vollkommen ausgewogenes Team bilden können, versuchte einmal ein englischer Trainer, die ideale Mannschaftsbesetzung zu charakterisieren. Sehen Sie das ähnlich?

Lienen: Es ist unbestritten, daß in einer Fußballmannschaft unterschiedliche Spielaufgaben erfüllt werden müssen. Das verlangt nach verschiedenen Fußballspielertypen. Es muß Individualisten geben, die dank ihrer Spielfähigkeit ein Spiel entscheiden können; es muß Spieler geben, die die Fähigkeit haben, einen Abschluß, sprich erfolgreichen Torschuß zu produzieren, andere, die ein Spiel »lesen« und deshalb leiten können, dann auch die, die den Ball wieder zurückerobern können usw. Alle diese Leistungen müssen dann innerhalb einer Mannschaft die gleiche Wertschätzung genießen. Da darf es nicht sein, daß der elegante Torschütze vom Dienst höher geschätzt wird als der kampfstarke Verteidiger. Das ist mit dem launigen Bild von den Straßenkehrern und den Geigenspielern annähernd erfaßt und geht in die richtige Richtung.

Dalk: Wie sehen Sie das Verhältnis von mannschaftlicher Disziplin und selbstbewußtem Individuum?

Lienen: Ich möchte, daß alle meine Spieler selbstbewußt sind. Ich kann keine Spieler brauchen, die Angst haben, den Mund aufzumachen, die Furcht vor Verantwortung haben. Ich brauche Spieler, die verantwortungsbewußt handeln, denken und Fußball spielen. Gesundes Selbstbewußtsein ist die halbe Miete auf dem Platz. Wichtig ist auch die Disziplin. Ordnung muß in einer Mannschaft herrschen und auf dem Spielfeld.

Dalk: Mit einer Engelsgeduld haben Sie nach dem Eröffnungstraining auf dem Sportplatz am Waldessaum den Fans Rede und Antwort gestanden, Autogramme gegeben und sich mit ihnen fotografieren lassen. Welche Rolle spielen bei Ihnen die Fans?

Lienen: Räumen wir einmal ein, daß wir aus Spaß am Spiel und wegen der Verdienstmöglichkeiten auf den Platz laufen, dann sind auch die Fans ein Grund, warum wir Fußball spielen.

Dalk: Ohne Zuschauer, ohne Fans gäbe es Spiele unter Ausschluß der Öffentlichkeit.

Lienen: Richtig. Wenn die Fans und die Zuschauer nicht da

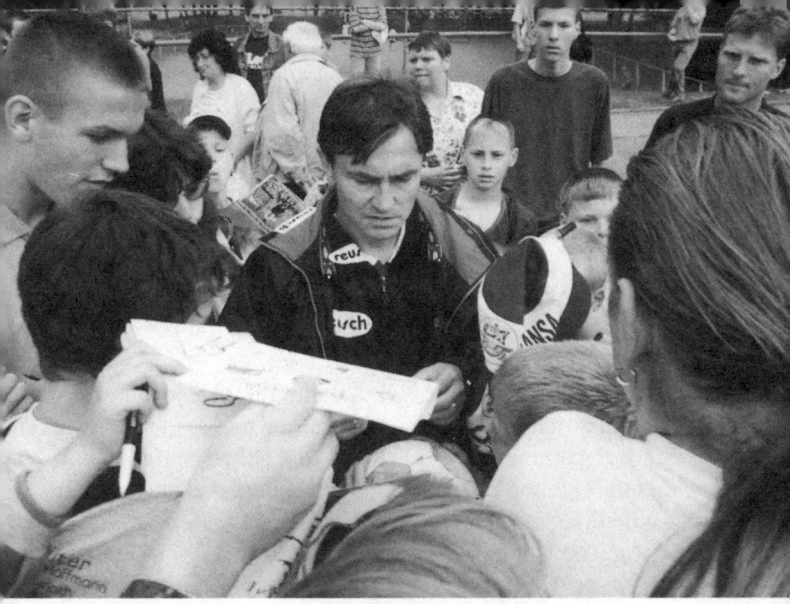

Ewald Lienen bleibt nach der offiziellen Trainingseröffnung noch eine gute halbe Stunde auf dem Platz, um auch den letzten Autogrammwunsch zu erfüllen.

wären, bräuchten wir nicht zu spielen. Wir versuchen, den Menschen einen schönen Fußballsport anzubieten, damit uns der Beruf Freude macht und die Fans sich an unserem Spiel erfreuen. Es macht doch einen Unterschied, ob man am Fernsehapparat ein Spiel verfolgt, oder im Stadion mit einer Mannschaft mitfiebert und sich in das Geschehen einbringt, es mit seinen Anfeuerungsrufen, Gesängen und Parolen sogar mitbeeinflußt. Deshalb gehört der Fan neben meiner Mannschaft und meinen Mitarbeitern zu dem Wichtigsten im Fußball. Zu ihm eine durchweg positive Beziehung aufzubauen, ist unser aller Anliegen.

Dalk: Was halten Sie von dem zunehmenden Ausländeranteil in der Bundesliga?

Lienen: Wenn Sie 100 km nach Norden fahren, sind Sie Ausländer, wenn Sie 500 km nach Osten, 600 km nach Westen oder 900 km nach Süden fahren – überall sind Sie Ausländer. Es gibt nur einen ganz kleinen Punkt auf dem Planeten, wo Sie nicht Ausländer sind, und das ist

111

Deutschland. Ich empfinde mich als Weltbürger. Da interessiert es mich nicht vordringlich, ob eine Mannschaft aus elf Rostockern besteht oder aus Spielern, die aus allen Himmelsrichtungen zusammengekommen sind.

Dalk: Hat ein Zuviel an ausländischen Spielern nicht auch zur Folge, daß die Talente in den Vereinen weniger zum Einsatz kommen und dann über eine zu geringe Spielpraxis verfügen, um für höhere Aufgaben eingesetzt werden zu können?

Lienen: Es ist sicherlich so, daß die Talente von hier es schwerer haben, je mehr Spieler aus anderen Ländern hierher kommen. Der normale Weg sollte sein, daß wir unsere eigenen Spieler so gut ausbilden, daß sie mit den ausländischen Spielern konkurrieren können. Es kann den gesamten Spielbetrieb in der Bundesliga nur befruchten, wenn man viele Spieler aus anderen Ländern in den Teams hat. Damit mischen sich Fußballkulturen, die deutschen Spieler lernen von denen. Ein Zuviel, da haben Sie schon recht, darf es da nicht geben. Ich fände es nicht gut, mit elf Ausländern aufzulaufen. Das verbietet sich von selbst, weil eine solche Truppe kaum mehr menschlich geführt werden kann. Aber ich bin ein ausgesprochener Anhänger der Idee, herausragende Spieler aus dem Ausland für die Bundesliga zu gewinnen.

Dalk: Was zeichnet für Sie Fußball vor allen anderen Ballsportarten aus?

Lienen: Ich bin mit Fußball großgeworden. Das Spiel fasziniert mich. Erst einmal spielt man innerhalb einer Gruppe. Das ist schon spannend. Dann ist das Fußballspielen abwechslungsreich, anspruchsvoll. Wenn man nur daran denkt, daß mit dem Fuß gespielt werden muß und Handspiel bestraft wird, hat man schon einen bemerkenswerten Punkt in der Palette der Attraktivitäten des Fußballs in der Hand. Mir gefällt die Mischung von Kampf und Spiel, die Notwendigkeit, bestimmte Spieltechniken zu entwickeln, auf dem Platz strategisch und taktisch sehr unterschiedlich vorgehen zu können.

Dalk: Was halten Sie vom Frauenfußball?

Lienen: Für mich gibt es erst einmal das Fußballspiel. Da ist es gleich, ob Männer, Jugendliche, Kinder oder Frauen spielen. Nur Spaß muß man an dem Spiel haben. Wunderbar wäre es dann, wenn auch noch gut gespielt würde. Frauenfußball hat noch nicht so eine lange Tradition. Aber wenn man sich die Spiele anschaut, sieht man doch eine stete Aufwärtsentwicklung in nahezu allen Belangen, ob Technik, Taktik, Athletik, Kampfkraft usw. Das nationale wie internationale Niveau ist derzeitig erstaunlich hoch. Es hat fantastische Spiele gegeben. Darüber freue ich mich. Das ist eine ganz tolle Sache.

Dalk: Welche Fußballregel würden Sie abschaffen, welche einführen?

Lienen: Ich bin, was die Regeln anbetrifft, sehr für Tradition. Was sich bewährt hat, soll man bewahren. Ich halte nicht viel davon, an den Regeln herumzuwurschteln.

Dalk: Wie notwendig ist die Nachwuchsarbeit im Fußball?

Lienen: Es ist heute nicht mehr so, daß man einen Ball hochwirft und 20 Jungens stürzen sich darauf. Da müssen sich die Vereine etwas Attraktives ausdenken, um gegen die Freizeitindustrie anzukommen. Die Vereine brauchen bei ihren Bemühungen ideelle wie finanzielle Unterstützung, damit sie mit Erfolg die Kinder und Jugendlichen zu einer gesunden und spannenden Freizeitgestaltung bringen können. Erfolg ist auf dieser Ebene ein Muß. Denn der Unterbau für den professionellen Fußball reicht bis hinunter in die kleinen Vereine. Dabei ist die Arbeit mit dem Nachwuchs nicht nur eine sportliche, sondern auch eine gesellschaftspolitische Aufgabe. Hier kann nämlich erzieherisch auf Kinder eingewirkt werden. Sport treiben ist eine ganz wichtige Sache für die Kinder. Generell. Aber nicht nur Fußballspielen, obgleich gerade wir sehr viele Kinder gewinnen müssen, um die wenigen Talente dann für die Bundesliga ausbilden zu können. Nachwuchsarbeit ist bitter notwendig. Im übrigen fände ich es schön, wenn jedes Kind die Möglichkeit bekommt, in einen Sportverein zu gehen.

Und als Nachschlag neun (mal was anderes) beinahe persönliche Fragen an Ewald Lienen:

1. Was schätzen Sie an Ihrer Familie am meisten?

Lienen: Meine Familie ist mein Ruhepunkt. Sie ist das Wichtigste in meinem Leben und meine Hauptkraftquelle.

2. War Trainer Ihr Traumberuf?

Lienen: Ich habe mir lange Jahre nicht vorstellen können, irgendwann einmal Trainer zu werden. Aber mit zunehmender Zeit habe ich gemerkt, daß ich im Fußball bleiben möchte und die gesammelten Erfahrungen gewinnbringend weiterzugeben vermag. Inzwischen ist Trainer tatsächlich mein Traumberuf.

3. Welche Sportart interessiert Sie neben Fußball?

Lienen: Leichtathletik gefällt mir sehr gut, aber auch andere Mannschaftssportarten wie eben Basketball, Hallenhandball.

4. Was essen Sie am liebsten?

Lienen: Vollwertkost.

5. Wie halten Sie Ihr fabelhaftes Gewicht?

Lienen: Gesunde Ernährung und sportliche Betätigung. Kein Rauchen, Alkohol ganz selten. In Spanien habe ich mir angewöhnt, ein Glas Rotwein nach dem Essen zu trinken. Das soll ganz gut für die Herzkranzgefäße sein.

6. Wie bauen Sie Ärger ab?

Lienen: Ich versuche, Ärger gar nicht erst hochkommen zu lassen. Meinungsverschiedenheiten bemühe ich mich, möglichst schnell und in der jeweiligen Situation bereits zu klären. Probleme akzeptiere ich. Sie gehören zum Leben. Sie muß man zu lösen suchen.

7. Was sind Ihre Stärken, was Ihre Schwächen?

Lienen: Es gibt viele Schwächen und viele Stärken. Aber die sollen mal mein Geheimnis bleiben.

8. Sind Sie abergläubisch?

Lienen: Ein bißchen. Ich tue aber nicht etwa irgendeine Sache immer und immer wieder. Das ergibt sich so.

9. Welches große Ziel haben Sie beruflich und privat?

Lienen: Ich möchte privat möglichst nach meinen eigenen Prinzipien leben, so wie ich mir das vorstelle – ausgeglichen und zufrieden, in einer glücklichen Familie. Beruflich möchte ich Spaß an der Arbeit haben, möchte, daß alle, die mit mir arbeiten, ihre Freude haben und insgesamt möchte ich einen guten und attraktiven wie erfolgreichen Fußball anbieten.

Dalk: Herr Lienen, vielen Dank, daß Sie sich die Zeit genommen haben, unsere Fragen zu beantworten.

Die Männer auf dem Rasen

Der FC Hansa Rostock kann – die Empor-Zeiten mitgerechnet – auf eine über vierzigjährige Geschichte zurückblicken. Über 200 Männer wurden in dieser Zeit für die Blau-Weißen eingesetzt. 25 Nationalspieler brachte Hansa hervor, und 12 standen in der Olympiaauswahl. Zu ihnen gehörten auch Gerd Kische und Rainer Jarohs. Beide halten Hansa-Rekorde. Während der kampfstarke Verteidiger Kische mit 63 DDR-Länderspielen die meisten Nominierungen aller Hanseaten vorweisen kann, schoß Stürmer Jarohs die meisten Tore für Hansa, nämlich 78. Nur der Empor-Spieler Arthur Bialas war mit seinen 70 Toren ähnlich treffsicher.

Das Teterower Kraftpaket Gerd Kische kam über Neubrandenburg zum Klub. Charakteristisch für ihn war schon

Gerd Kische war der Athlet schlechthin. Seine Sprintzeiten glichen denen eines Spezialisten.

sein Einstieg bei Hansa. Kische reiste als Junioren-Europameister an die Küste und hatte sich im Kampf um einen Stammplatz mit dem erfahrenen, fast zehn Jahre älteren Gerd Sackritz auseinanderzusetzen. Kische erinnert sich: »Gleich im ersten Training haute mir Sackritz was vor die Füße. Da habe ich ihn genommen, beiseite gestellt, und dann war das zwischen uns geregelt. Horst Saß hat sich nicht eingemischt. Das sollten wir Spieler mal unter uns ausmachen. Machten wir auch. Ich war ja ein junger, dynamischer Mann. Ich wollte nach oben. Kraft hatte ich, Schnelligkeit zur Genüge – ich lief die 100 Meter in meinen Glanzzeiten in 10,7 Sekunden – und ich war ehrgeizig.« Kische lief seinen Mitspielern davon. Bis in die Nationalmannschaft.

»Da hat Horst Saß eben eine entscheidende Aktie dran. Er hat dafür gesorgt, daß mich der damalige Nationaltrainer Georg Buschner eingeladen hat. Von Saß erfuhr Buschner, daß in Rostock ein ganz Wilder, ein Verrückter in der Verteidigung steht. Den sollte er einmal probieren.« Das tat Buschner auch. Und 1971 bekam Kische die erste Bewährungschance. »1970 war die WM, 1971 gab es in Mexiko-Stadt ein Einladungsturnier, an dem die DDR-Nationalmannschaft teilnehmen durfte. Nach ein paar Tagen Training sagten sich die Chefs: Mensch, wir haben noch einen Platz frei, nehmen wir den Kische doch einfach mit. Es war ein Wahnsinnserlebnis! Schon allein im Azteken-Stadion zu spielen, war ein Riesending! Und dann mit den alten Haudegen aufzulaufen. Mit Bransch, Ducke, Vogel, Sammer, Stein, Rock und wie sie alle damals hießen – toll! Wir haben 1:0 gewonnen. Wenn die Mannschaft zu null spielte, der Debütant in der Verteidigung eingesetzt war, dann hat er seine Aufgabe erfüllt.« Es folgten für Kische nun noch weitere 62 Länderspiele in neun Jahren. Dabei hatte Gerd Kische gerade im spieltechnischen Bereich so seine Unzulänglichkeiten. »Alle Trainer waren bemüht, vor allem meine Stärken auszubauen und für das Spiel einzusetzen. Da wurde über manche Schwäche hinweggesehen. Und obgleich ich mit den Jahren vor allem in der Ballbehandlung Fortschritte machte, blieb ich doch der kampfstarke Spieler, der dem Gegner den Ball abnehmen und nach vorne spielen sollte. Um meine spielerischen Mängel auszugleichen, mußte ich immer topfit sein.« Der eigenwillige junge Mann hielt sich fit und Rostock die Treue, obgleich er sich vor Angeboten von anderen Oberligaklubs kaum retten konnte. »Rostock hat mir viel gegeben. Die Stadt war mein Zuhause. Hier habe ich mich unendlich wohlgefühlt. Ich wollte nicht weg. Im übrigen hatte ich hier mehr Freiheiten als alle Nationalspieler der Republik zusammen. Und diese Freiheiten brauchte ich wie die Luft zum Atmen. Ich habe manchmal die Hälfte von dem trainiert, was ich laut Trainingsplan hätte absolvieren müssen. Aber ich konnte mich eben in vier Wochen fitmachen, wofür andere acht Wochen brauchten. Die Kontrolle aller Nationalspieler durch den DFV war enorm. Aber so weit nach oben wie eben bis nach Rostock schauten die Prüfer seltener.« So entgingen ihnen auch die Abwerbungsversuche einiger Bundesligavereine. »Ich hatte ganz konkrete Angebote. Besonders 1974 nach der WM. Doch ich griff nicht zu. War es Angst? War es die Sicherheit, die mir die DDR bot? War es Heimatliebe? War es die Überzeugung, im richtigen Teil Deutschlands zu sein? Ich weiß es nicht. Vielleicht war es ein bissel von allem. Überdies hatte ich doch alles. Wenn du in recht bescheidenen Verhältnissen groß geworden bist, sieben Geschwister hattest – da warst du über das Gebotene glücklich. Auch zufrieden. Im Westen hatte man mir einen Koffer voller Geld hingestellt. Ich habe abgelehnt. Die drüben sagten sich, daß der Kische doch bekloppt sein muß. Man konnte es nicht verstehen.«

Gerd Kische war ein aufmüpfiger Mann. Das paßte der Rostocker Sport- und Parteiführung nicht. Auf die Frage »warum« antwortet der heute 46jährige Geschäftsführer der Personaldienstleistungen Nord GmbH ziemlich selbstkritisch: »Das Maß der Dinge war 1981 einfach voll. Ich hatte allzu sehr über die Stränge geschlagen. Das sage ich rundheraus. Ich suche da die Schuld nicht bei anderen. Ich habe Stasi-Leute verarscht, ich habe als Genosse alle Möglichkeiten der Kritik ausgeschritten, bin oftmals auch darüber hinausgegangen. Meinen ›Ehekrieg‹ hat man dann zum Anlaß genommen und gesagt, jetzt ist er fällig.« Kische wurde fällig. »Das war ein kurioses Ding! Erst einmal hat mir keiner etwas gesagt. Niemand. Niemand vom Klub. Niemand vom Verband. Eines Tages kommt der Klub und sagt, du, wir dürfen dich nicht mehr spielen lassen. Ich war wie vor den Kopf geschlagen. Was ist denn hier los? Sind alle bekloppt? Heinz Lange von der SED-Bezirksparteileitung hat dann irgendwann mit mir gesprochen und gesagt, daß für mich nun Schluß sei. Es gäbe dafür keine Erklärung. Ich sollte jetzt nur nicht verrückt spielen und die Entscheidung akzeptieren. Sie sei endgültig.« Der renommierte Nationalspieler verließ Hansa in Richtung Neubrandenburg. Da ist er hergekommen, dort nahm man ihn gern wieder. »Aber nach ganzen drei Trainingstagen wurde ich auf Geheiß des DTSB rausgeworfen. Ich war Persona non grata.« Aber Kische »durfte« in der TSG Bau Rostock kicken und im Wohnungsbaukombinat einen Arbeitsplatz annehmen. Es sollte nicht so aussehen, als kümmere man

Kische in seinem Element – hier zwei Jahre vor seinem Rausschmiß.

sich nicht um den ehemaligen Nationalspieler. »In Wirklichkeit ließ man mich am steifen Arm verhungern. Ich durfte dem Kombinatsdirektor Kaffee kochen. Sonst nichts. Ich wurde von nun an totgeschwiegen. Zwar spielte ich ein halbes Jahr bei TSG Bau, aber das war ein großer Fehler. Ein Nationalspieler sollte sich das nicht antun. Viele Klassen tiefer umherkicken zu wollen und dann zu glauben, es ginge so weiter wie bisher, war ein Irrtum. Vieles, was dort geschah, hatte ich mir schon an den Fußsohlen abgelaufen, kannte ich in anderen Qualitäten. Ich sah das ein und schied aus, kam zur Armee. Danach sagte ich mir – den Worten Dr. Saß' folgend – alles oder nichts. In Sachen Fußball entschied ich mich für das Nichts, im Beruf haute ich rein. Ich war ja studierter Ökonom. Der Wechsel vom Wohnungsbaukombinat zum ITV tat mir gut. Dort wurde ich später Stellvertreter des Kombinatsdirektors, Direktor für Ökonomie. Das hat mir ungeheuren Spaß gemacht. Und dann kam die Wende. Die Heidelberger Zementwerke wollten mich als Geschäftsführer anheuern. Ich habe einen

119

ausgezeichneten Vertrag von denen bekommen, hätte viel Kohle machen können. Ich sollte aber unterschreiben, daß ich nicht mehr im Fußball nebenberuflich aktiv werden würde. Das habe ich nicht unterschreiben wollen und mich stattdessen überreden lassen, bei Hansa als Vizepräsident einzusteigen.«

Doch das ist wieder ein anderes Kapitel aus dem Leben des Ausnahmeathleten, auf das wir später noch einmal zurückkommen werden.

Stürmer Rainer Jarohs war wohl der letzte große Mohikaner im FC Hansa. Die Saison 1989/90 war seine letzte in blau-weiß. Die Bundesliga erlebte er als Rundfunkkommentator. Die Frage, ob er lieber auf dem Platz als in der Reporterkabine gewesen wäre, ist nur eine rhetorische. Natürlich hätte auch er gern in der Bundesliga gespielt. »Jeder hätte gern dort gespielt. Auch ich. Viele Leute sprechen mich noch heute darauf an und sagen: ›Mensch, Rainer, wenn Du zehn Jahre jünger gewesen wärst, hättest Du auch ganz oben mitspielen können und hättest einen Haufen Geld verdient.‹ Na gut. Aber Spieler wie ich hatten auch schöne Zeiten in der DDR-Oberliga.« Das sagt Rainer Jarohs nicht bloß so dahin. Er denkt an die schönen Stunden des Erfolgs, aber auch an die trüben Zeiten des Abstiegs in die Liga, in denen er Hansa die Treue hielt. Angebote anderer Oberligaklubs hatte auch er. »Ich stand mehrmals kurz davor, Hansa zu verlassen. Aber die Genossen der SED-Bezirksleitung haben es letzten Endes immer wieder geschafft, die Wechsel zu verhindern. Der Grund war einfach. Ich sollte die Rolle Streichs übernehmen.« Doch dabei war er gar nicht so der Durchreißer. »Richtig. Ich habe mehr Tore vorbereitet als geschossen, zudem war ich auch recht kopfballschwach. Ich habe vielleicht zwei Kopfballtore gemacht«, räumt der dreifache DDR-Nationalspieler ein, der auch zu zwei Spielen der Olympiaauswahl herangezogen wurde. Es hätten mehr Nominierungen sein können, doch wer in der Liga spielt, hatte so seine Schwierigkeiten, überhaupt nominiert zu werden. »Lediglich Kische schaffte es dank seiner außergewöhnlichen Fähigkeiten«.

Der FCH gewinnt das Spiel gegen Vorwärts Stralsund am 8. 09. 1979 mit 3:0.
Rainer Jarohs ist natürlich mit von der Partie.

Beruflich scheint sich Rainer Jarohs schon recht früh
orientiert zu haben. 1968 veranstaltete die Wochenzeitung
Neue Fußballwoche ein Preisausschreiben. Junge Fußballspieler sollten ihre Spartakiadeerlebnisse aufschreiben.
Das tat auch Rainer Jarohs und bekam für seinen Beitrag
den 1. Preis. War das schon der erste Schritt in die schrei-
bende Zunft? »Als Journalist zu arbeiten, das war schon
mein Wunsch. Ziel war dabei immer der Hörfunk. So
bin ich dann beim Sender Rostock gelandet, wo ich mein

Rainer Jarohs, heutiges Vorstandsmitglied, im Gespräch.

Volontariat absolvierte. Zu der Zeit war ich auch Lehrerstudent. Zu DDR-Zeiten sorgte man sich auch in Sachen Beruf um die Leistungssportler. So habe ich dann ein superlanges Studium – so über die zehn, zwölf Jahre – mit dem Deutschlehrer-Diplom abgeschlossen. 1989. Dann kam Gott sei Dank die Wende. Ein Glücksfall für mich. Im Sender Rostock war man bemüht, möglichst neue Leute ans Mikrophon zu lassen. Am 1. 1. 1992 kam der NDR und ich wurde als fester Mitarbeiter übernommen.« Rainer Jarohs ist als Redakteur noch heute auf dem Sender. Fußball spielt er nur noch ab und an in den Traditionsmannschaften Hansas. Seinen Platz auf dem Rasen haben andere eingenommen. Sie heißen Steffen Baumgart oder Sergej Barbarez oder tragen die Namen der 1997er Zugänge Ralf Ewen, Borislav Tomoski, Slawomir Majak, Enrico Röver, Björn Laars, Marco Laaser, Daniel Klewer, Igor Pamic bzw. Jens Dowe. Letzterer gilt zwar im 1997/98er Hansa-Team als Neuer, ist aber eigentlich ein alter Bekannter. Noch in

Gute alte Bekannte: der ägyptische Nationalspieler Yasser Radwan beim Dribbling und das »Urgestein« Heiko März mit seinen Fans.

der Spielserie 1989/90 bestritt er mit Rainer Jarohs so manches Spiel für Hansa.

Da Stammspieler wie Heiko März und Hilmar Weilandt, der Ägypter Yasser Radwan oder der Mazedonier Toni Micevski der Hansa-Fangemeinde bereits hinlänglich bekannt sein dürften, kommen hier die Neuen zu Wort.

Die Neuen in der Mannschaft

Gegenüber dem Vorjahr tritt Hansa mit neun neuen Spielern auf. Dabei sei der bereits mehrfach in der Saison 1996/97 eingesetzte Enrico Röver dazugezählt.

Ganz besonders stolz ist die Hansa-Chefetage auf den geglückten Transfer des Ex-Hanseaten Jens Dowe. Er, der einen großen Anteil an der tollen Saison 1990/91 hatte, wo Hansa mit dem Meistertitel, dem Pokalsieg und dem Aufstieg in die 1. Bundesliga auf Wolke 7 des Erfolgs schwebte, dieser Jens Dowe konnte von Sturm Graz geholt werden, ehe es andere taten. Mit dem Hamburger SV, der noch die Transferrechte hatte, konnte man sich handelseinig werden, so daß nach 144 Erst- und Zweitligaspielen für Hansa, nun weitere für Jens Dowe folgen können. Dowe hat sich nun in einem gut besetzten Mittelfeld Hansas durchzubeißen.

Zum Durchbeißen gab Trainer Ewald Lienen dem achtfachen Nationalspieler Kroatiens, Igor Pamic, gleich zu Saisonbeginn Gelegenheit. Doch nicht nur auf dem Spielfeld: Deutschunterricht war angesagt! Mit Dr. Wolfgang Müller, der bereits an der Universität Rostock im Fach »Deutsch für Ausländer« unterrichtete, begann der Hüne, den die Fans schnell zum »Mike Tyson von der Waterkant« kürten, mit dem Unterricht. »Er kann Französisch, aber in der deutschen Sprache ist er ein völliger Anfänger«, meint Dr. Müller und ist sich sicher, daß »da noch eine Menge Arbeit auf Igor zukommt.«

Slawomir Majak, der Neuzugang aus Polen, hat sich in seiner Zeit bei Hannover 96 mit der deutschen Sprache

Seit 1997 wieder bei Hansa: Jens Dowe. Hier beim 91er Spiel gegen Bayern München, das 2:1 gewonnen wurde.

bereits bekannt gemacht, wird aber noch einiges lernen müssen, so Dr. Müller. Ansonsten paßt der schnelle Pole mit seinem quicklebendigen und trickreichen Spiel genau in das System von Trainer Lienen, der ihn als ständigen Unruheherd in der gegnerischen Abwehr braucht. Mit seinen acht Länderspielen für Polen verfügt der 28jährige über die hinreichende Erfahrung, um die ihm übertragene Aufgabe zu erfüllen. Im Sturm muß er nun sein Können unter Beweis stellen.

Die anderen Neuzugänge bei Hansa müssen etwas Geduld mitbringen. Zum Beispiel Ralf Ewen vom Regionalligisten Tus Paderborn-Neuhaus. Er rückt erst einmal auf die Bank und darf von dort auf einen Einsatz hoffen. Der Mazedonier Borislav Tomoski und die Vertragsamateure Daniel Klewer, Marco Laaser, Björn Laars sowie der bereits von Pagelsdorf fünfmal eingesetzte Enrico Röver sitzen nicht einmal auf der Bank. Zumindest stehen sie bereit und trainieren mit.

Beim Training demonstrieren Igor Pamic und die anderen ihre Form. Hier wird entschieden, wer beim nächsten Spiel aufgestellt wird.

Der Ostfriese Ewen macht sich trotz hochfliegender Hoffnungen – »ich möchte einmal im Mailänder Meazza-Stadion spielen« – nichts vor. Wenn seinen DFB-Junioren-Auswahl-, seinen Zweitliga-Einsätzen und dem »Bankdrük-ken« bei Bayer Leverkusen Erstligaspiele folgen sollen, muß er ganz stark aus dem Schatten des Ewig-Talents her-austreten und die Hansa-Chance beim Schopfe packen. Ein Zweijahresvertrag schafft dem 25jährigen die notwendige Anlaufzeit. Doch er weiß auch, daß Hansa gerade im Mittel-feld, wo er seine besonderen Stärken hat, recht gut besetzt ist. Sich da durchzusetzen, bedarf schon einer permanent guten bis sehr guten Trainingsleistung.

Aus Aue kam der 24jährige schnelle Mann aus Mazedo-nien: Borislav Tomoski. Des Deutschen ist er nach zwei Jahren Erzgebirge schon erstaunlich mächtig. Im Training wirbelt er munter über den Platz. Grundschnell, trickreich und sicher am Ball, dürfte er bald seine Chance bekom-men, in den Kader aufzurücken.

Dort stand der heutige Vertragsamateur und gelernte Maschinenanlagenmonteur Enrico Röver bereits. Der kräftige und schußstarke Stürmer verhalf Hansa 1996/97, gerade in der kritischen Phase des Kampfes um den Klassenerhalt, zu mehr Gefährlichkeit im gegnerischen Strafraum. Die Vorlage für Toni Micevskis Tor gegen Bayer Leverkusen ist nur ein Beleg für seine Durchschlagskraft und sein Spielverständnis.

Röver ist geborener Rostocker. »Mein Herz schlägt für die Rostocker Innenstadt, die mir immer mehr gefällt, und natürlich für die Ostsee«. Daß der selbstbewußte junge Mann mit den hellblauen Augen bereits 28 Jahre alt ist, sieht man dem Frauenschwarm nicht an. Für alle Damen, die sich Hoffnungen machen, sei es aber gesagt: Enrico Röver ist seit fünf Jahren an Dana Lutter vergeben. An ihr schätzt er besonders ihren Charme und daß sie viel Verständnis für ihn hat. Mit ihr liest er auch alle Berichte über die Hansa-Spiele. »Einiges schneidet Dana auch mal aus«. Ansonsten »lasse ich mich von den Medien nicht irre machen. Manchmal kann man über sie schmunzeln. Und zu meiner Leistung habe ich sowieso meine eigene Meinung. Ich denke auch, daß ich meine Chance noch bekommen werde. Die Saison ist lang. Da kann vieles passieren.«

Das salomonische Urteil über Chancen und Möglichkeiten könnte auch von Marco Laaser stammen. Einem weiteren Vertragsamateur, der bei Pädagogik Rostock unter Trainer Alms die ersten Schritte zum Fußballspieler machte. Bis in die DFB-Auswahlmanschaft U-19 führte sein steiler Weg nach oben, der mit dem Regionalliga-Aufstieg mit den Hansa-Amateuren noch nicht zu Ende sein sollte. »Über die Regionalliga-Mannschaft möchte ich mich für das Profi-Team anbieten«, sagt der Mittelfeldspieler, der auch in der Verteidigung eine gute Figur macht. Der Elektroinstallateur, der derzeitig in einer Sportfördergruppe der Bundeswehr Dienst tut, hat Zeit. »Ich bin 20 Jahre jung, habe einen Dreijahresvertrag für den Lizenzbereich, daraus kann ich bei hinreichendem Engagement etwas machen.«

Das hofft auch Mittelfeldspieler Björn Laars. Ihm hat

Amateurtrainer Jürgen Decker bescheinigt, daß er der Kopf der einstigen Oberliga-Mannschaft war und der jetzigen Regionalliga-Truppe ist. Den Kampf um einen Stammplatz bei den Profis will er aufnehmen. »Natürlich ist die Konkurrenz groß, aber ich will eben Fußballprofi werden.« Dafür hat der Rüganer aus Bergen sein Volkswirtschaftsstudium unterbrochen und bemüht sich, sportliche Defizite abzubauen. »Ich habe noch nicht die nötige Abgeklärtheit. Mit etwas mehr Ruhe und Coolness dürfte ich auch erfolgreicher werden. Da fehlt aber auch die Erfahrung. Doch die kommt ja mit den Jahren.«

Dessen ist sich auch die Nummer 3 hinter Perry Bräutigam und Martin Piepenhagen, Torwart Daniel Klewer, sicher. »Gewiß, mir fehlt die Erfahrung hoher Spielklassen, aber was nicht ist, kommt mit der Zeit.« Der 1,92-Meter-Recke zeichnet sich durch Nervenstärke aus und vermag sich »gut in den gegnerischen Angreifer zu versetzen und deshalb vorauszuahnen, was dieser tun könnte.« Dabei versucht er das, was er bei den anderen Bundesliga-Torhütern beobachtet hat, für das eigene taktische Verhalten aufzubereiten und umzusetzen. Wie sieht er die Zukunft? »Solange nichts Außergewöhnliches passiert, stehe ich wohl bei den Hansa-Amateuren im Tor oder sitze als Ersatzkeeper auf der Bank.« Aber nicht nur dem Fußball gehört sein Herz. Er liebt den Boxsport, ist dabei besonders begeistert vom Boxstil, vom Mut und der Kampfkraft eines Prince Naseem Hamed. Sich selbst sieht er als einen ruhigen Menschen. So erwärmt er sich eher für die Gemütlichkeit bei gutem Essen mit Freunden, während er in der Disco seltener zu finden ist. Dafür interessieren ihn die neusten Kinofilme, ohne da jedoch besondere Vorlieben zu haben. Ansonsten ist er durch und durch Rostocker. Die Hansestadt liebt er mit ganzer Seele. »Andere Städte sind zwar sehr reizvoll, aber von hier aus kann ich sie besuchen, sie bei Kurzaufenthalten und längeren Reisen kennenlernen. Das genügt mir vorerst.«

Die Neuen bei Hansa werden alles tun, um eine Chance zu erhalten, sich auf dem Platz zu beweisen. Aber vor allem setzen sie auf die Zukunft, von der sie mit gesundem Selbstbewußtsein meinen, daß sie ihnen gehört. Für Hansa sind solche »hungrigen Burschen« aus der zweiten Reihe ein Wechsel auf die nächsten Jahre. Er muß nur mit der notwendigen Konsequenz eingelöst werden, auf daß Hansa auch weiterhin erstklassig bleiben kann.

Nachwuchs – umsichtig, klarsichtig, weitsichtig

Hansa hatte immer schon einen guten Ruf als Kaderschmiede. Juniorenspieler wie Peter Sykora, Klaus-Peter Stein, Gerd Kische, Herbert Pankau, Jürgen Streich, Helmut Hergesell, Rainer Jarohs und Axel Kruse stellten europäische Spitze dar.

Rostock zählt auch heute auf die Jugend. Umsichtig, klarsichtig, weitsichtig. Die jungen Spieler bleiben auch den Spähern anderer Vereine nicht verborgen. »Gewiß, es gehört zum Profigeschäft, daß Spieler die Vereine wechseln. Das Bosman-Urteil hat da sein übriges getan. Aber für Hansa ist Nachwuchsarbeit auch Arbeit zum Überleben. Selbst wenn uns der sportliche Erfolg treubleiben sollte, werden wir niemals so viel Geld haben, um uns eine Mannschaft von Nationalspielern zusammenkaufen zu können. Wir wollen es ja auch nicht. Die Identifikation mit der Mannschaft läuft eben auch über solche Leistungsträger wie Heiko März, Hilmar Weilandt oder Steffen Baumgart, die Fußballer dieser Region sind. So bemühen wir uns, unseren Talenten so gute Bedingungen zu schaffen, daß sie in Rostock bleiben können.« Das betont Hansas Geschäftsführer Dr. Helmut Hergesell. Dazu gehört – auch nach der Wende – ein eigenes Hansa-Internat, die Sorge um die berufliche Ausbildung und die Sicherung einer Lebensperspektive, die aufs engste mit dem FC Hansa Rostock verbunden ist. Fördervereinbarungen mit Fußballvereinen in Neubrandenburg, Greifswald, Schwerin und Stralsund qualifizieren die Nachwuchsarbeit zu einem landesweiten Unternehmen.

Die Kindermannschaft des FC Hansa wurde 1966 mit 47:1 Toren Herbstmeister. Rainer schoß 21 Tore ... So steht es auf der Rückseite des Fotos.

Man konnte schon damals erahnen, was einmal aus dem schmalschultrigen Jungen Rainer Jarohs wird.

»Was uns zur Wende passiert ist, kann uns auch künftig geschehen. Aber es kann nicht mehr so unvorbereitet über uns zusammenschlagen. Wir haben unsere Vorkehrungen getroffen, damit wir nicht zum Selbstbedienungsladen für Talentespäher werden«, garantiert der Manager Jürgen Heinsch.

Mit der gleichen Ruhe, mit der gleichen Sicherheit und mit genauso unspektakulären aber wirksamen Aktionen wie einst in seinem Tor, wirkt Heinsch im Nachwuchsbereich von Hansa. Ihm zur Seite stehen Trainer, die sich im Trikot von Empor oder Hansa bereits einen Namen gemacht haben. Michael Brüsehaber trainiert die E2 und Wolfgang Barthels die E1. Ehemalige wie Gerd Kostmann, Artur Ullrich, Peter Rodert, Manfred Rump oder Wolfgang Wruck waren oder sind Mitglieder der Übungsleitercrew, die sich mit den ehrenamtlichen Betreuern um die Belange der Kinder und Jugendlichen kümmern, auf dem Platz und darüber hinaus. Man muß einmal dabeigesessen haben, wenn sie die Eltern ihrer Spieler ins Fanprojekt einladen, um mit ihnen die Freuden und Sorgen ihrer Schützlinge zu bereden. Da ist Fürsorge angesagt. Wenn der neue Vorstandsvorsitzende Eckhardt Rehberg ein Hauptanliegen der zukünftigen Arbeit im Kinder- und Jugendbereich sieht, dann steht er in guter Tradition des FC Hansa Rostock: »Das Gesicht der Jugend zu – sie ist die Zukunft!«

Die Hansa-F-Jugend, die jüngste Hansa-Mannschaft also, hatte unter Trainer Manfred Rump mit den Torwarten Kerner und Marquardt sowie den Spielern Barß, Kruse, Flämming, Wolf, Toch, Michel, Fielbricht, Stark und Gregull den Kreispokal mit in die Sommerferien genommen. Ob im tiefen Schnee des Jahres 1996 die E1 mit 36:0 Punkten die Vorrunde der Meisterschaft abschloß oder sich Brüsehabers E2 zum Favoritenschreck ihrer Staffel mauserte, ob die D2 von Jochen Bülow 5:0, 5:1 oder 7:1 die Gegner vom Platz fegte, die D1 den leistungsstarken FC Pommern Stralsund herausforderte, die C2, als noch ziemlich ungefestigtes Team etwas Mühe hat, ob in der C1 mit Ronny Müller ein richtiger Torjäger heranwächst, die B-Jugend Furore macht oder die A-Jugend von Gerd Kostmann 3:7 gegen Einheit Bad Sülze (Kreisliga Nordvorpommern, 6. Platz) verlor – alles wird mit Blick auf die Zukunft eingeordnet und gewertet. Dem Zufall überlassen der Nachwuchsmanager Jürgen Heinsch und seine Mannen nichts.

HINTER DEN KULISSEN

»95 Prozent der Co-Trainer in der Bundesliga sind unbekannt. Aber
wenn bei uns der Zeugwart gewechselt wird, kommt das in die Ta-
gesthemen.«
(Vizepräsident des FC Bayern Karl-Heinz Rummenigge über die vorzeitig bekannt gewordene Verpflichtung von Egon Coordes als Kondi-
tionstrainer.)

Der Sprung ins kalte Wasser

Als 1965 der FC Hansa Rostock gegründet und Heinz
Neukirchen, Präsident der Direktion Seeverkehr und Ha-
fenwirtschaft, zum Vorsitzenden des neuen Vereins berufen wurde, da leistete sich der Klub noch einen 12köpfi-
gen Vorstand. In den kommenden Jahren tummelten sich
manchmal bis zu 20 Leute in diesem Führungsgremium.
Die Vorsitzenden, wie Ernst-Moritz Pahnke (1967–74),
Jochen Timmermann (1974–75), Rudi Alms (1975–77),
Ulrich Stoll (1977–86) oder Robert Pischke (1986–91)
standen dem Verein mehrere Jahre vor, wenn sie nicht aus
gesundheitlichen Gründen vorher die Segel streichen
mußten. Und überall mischte die Partei mit. Nur Robert
Pischke, der in Ungnade gefallene Schiedsrichter, wurde
trotz Stasi-Zorn und Parteigezeter 1986 Hansa-Präsident. Ein Glück. Da hatte der Norden wenigstens einen
Klubchef, der unbescholten die Wendemanöver angehen
konnte, denn die waren schwer genug. Erst sah es so aus,
als könnte sich die Vereinsführung der uneigennützigen
Hilfe des großen Nachbarn Werder Bremen gewiß sein.
Doch nach einem wort- und blumenreichen Anfang machte
der Doppeldecker Bremen-Rostock eine Bruchlandung.

Nun legte wieder Pischke Hand an. Unkonventionell und
respektlos war er durch die heiligen Hallen des Profi-Fuß-
balls gehuscht. Schnell hatte er sich einiges angenommen,
und am 6. Juni 1990 vollzog er mit 20 seiner Mitstreiter
den entscheidenden Schritt: Der Fußballclub Hansa Rostock e.V. wurde gegründet. Zwei Monate später folgte die

Eintragung ins Vereinsregister Rostocks unter der Nummer 223. Und eines ist bemerkenswert: Unter den Gründungsmitgliedern findet man bereits Horst Klinkmann, den anerkannten Nierenspezialisten und weltweit geschätzten Experten auf dem Gebiet künstlicher Organe und heutigen Hansa-Aufsichtsratsvorsitzenden.

Pischke hatte nach der Wende kein leichtes Leben in seinem Amt. Vielen war der vorausschauende, agile Mann ein Dorn im Auge. Nach einer Reihe von Anfeindungen gab er trotz erster Erfolge, die zu den schönsten Hoffnungen Anlaß gaben, auf und verzichtete 1991 auf eine erneute Kandidatur für das Präsidentenamt.

Was tat sich inzwischen sportlich? Pischke & Co hatten es verstanden, der Mannschaft trotz des Durcheinanders der Nachwendezeit ein sicheres Gefühl zu vermitteln. Als er seinen Posten an den Rostocker Oberbürgermeister Wolfgang Zöllick abgab, war die Lizenzmannschaft schon auf Meisterschaftskurs.

Kuddelmuddeldaddelduddel in der Chefetage

Will man die Nachwende-Führungsriege des FC Hansa Rostock beschreiben, kommt man nicht drum herum, an einen Bahnhof zu denken. – Es ist kaum möglich, die Leute zu zählen, die kamen und gingen. Wenigstens bei der Besetzung des Chefsessels bleibt es halbwegs überschaubar: Robert Pischke, inzwischen verstorben, ging nach getaner Wendearbeit. Dann stellte sich Wolfgang Zöllick (1991) für ein Jahr zur Verfügung. Mit ihm kam Gerd Kische. Der ehemalige Hansa- und Nationalspieler wurde Vizepräsident, dann Präsident (1991–1993) und schließlich Manager. Der nächste Präsident an der Vereinsspitze war Gernot Böttrich (1993–1994). Ihn löste der letzte DDR-Innenminister Dr. Peter-Michael Diestel ab, der das Amt bis 1997 bekleidete. Seit den Sommermonaten diesen Jahres sind ein Aufsichtsrat mit Prof. Horst Klinkmann und ein Vereinsvorstand mit Eckhardt Rehberg an

der Spitze für die Führung des FC Hansa Rostock verantwortlich.

Seit der Wende war ansonsten flotter Wechsel auf den
anderen Leitungspositionen angesagt. Namen wie Dieter
C. Ernst, Fritz Weber, Heiner Warnke, Lothar Marien, Michael Quandt tauchten auf und verschwanden. Man hörte
auch von Joachim Laucke, Gert Schätting, Dr. Fred Lu-
schas, Wolfgang Quolke, Holger Wehnke ...

Ob als Präsident, Vizepräsident oder als Manager – Kische
wurde Hansas umstrittenste Nachwendefigur. Mit ihm
gingen viele durch dick und dünn, andere rieben sich an
ihm auf. Er kämpfte gegen das Chaos in der Chefetage an
und stemmte sich gegen jeden Versuch, Hansa aussaugen
zu wollen. Kompromißlos lehnte er die Umarmungen Werder Bremens ab. »Ich sage es auch heute noch: Die Bremer Verträge waren Knebelverträge. Sie zu zerreißen,
war die einzige Möglichkeit, den FC Hansa zu retten. Bei
diesem Doppelagenten Lemke mußtest du beide Taschen
zumachen, sonst wurdest du doch arm wie eine Kirchen-
maus. Ich erklärte die Verträge für null und nichtig. Es gab
Riesentheater mit den Oberbürgermeistern von Rostock
und Bremen.« Theater gab es auch im Verein.

Gerd Kische war es, der 1994 Dr. Diestel für den Präsi-
dentenposten vorschlug. Noch im selben Jahr ließ er Präsi-

dent Präsident sein, warf von einem Tag auf den anderen alles hin und ging völlig überraschend zu Union Berlin. »So überraschend war das nicht. Ich hatte Union den Trainer Pagelsdorf und sieben Spieler abgeworben und hatte bei Hansa gekündigt. Da rief Union, konnte einen engagierten Hauptsponsor benennen, mit dem der Verein neue Wege gehen wollte. Engagierte Leute hatten Pläne und wollten, daß ich helfe. Ich sagte den Unionern unter der Bedingung zu, daß ich meine Geschäfte in Rostock weiterführen dürfte. Dem Wunsch wurde entsprochen, und es begann eine erfolgreiche Arbeitsphase. Aber die hausgemachten Berliner Probleme konnte auch ich nicht meistern. Der Sumpf war zu tief, die Geduld und die Bereitschaft, Union weiterhin zu finanzieren, waren beim Hauptsponsor irgendwann auch am Ende. Dann kam das Aus.«

In Rostock fragten sich viele Hansafans, ob Kisches Kündigung bei Hansa notwendig gewesen war. Hätten er und Diestel nicht gut zusammengepaßt, und wären die beiden nicht doch miteinander ausgekommen, wenn ein ausgleichender Dritter dabeigewesen wäre? »Diese Überlegungen scheinen auf den ersten Blick richtig. Ich habe doch Diestel nicht von ungefähr nach Rostock geholt und zum Präsidenten gemacht. Diestel sollte ran. Er sollte seine Sache machen, ich die meine. Aber an diese Vereinbarung hielt er sich nicht. Immer im Glauben, ich sei noch der heimliche Präsident, fing er an, gegen mich zu stänkern. Da mußte es zwischen uns knallen. Ein ausgleichender Dritter hätte hier nichts tun können. Als mir die Intrigen dann doch zu sehr auf den Wecker gingen, zog ich die Konsequenz und bin gegangen. Darüber hinaus hatte ich gesundheitlich genug mit meiner Herzgeschichte zu tun. Das glaubt mir zwar heute keiner mehr so recht, aber es war so.« Im Rahmen der nachfolgenden Auseinandersetzungen mit Dr. Diestel ist heute noch ein gerichtlicher Prozeß anhängig. »Diestel hat oftmals ein sehr eigenwilliges Verhältnis zur Wahrheit. Das bleibt in seinem Leben nicht immer folgenlos. Gewiß, einige von seinen Eigentümlichkeiten habe ich ihm durchgehen lassen, aber irgendwann sagte ich mir, daß Schluß sein müsse. Als er wieder einmal davon anfing, er habe die Hansa-Leitung gesäubert und solche Leute wie Kische an die Luft gesetzt, da ist mir der Kragen geplatzt. Die Verleumdung wird jetzt vor Gericht verhandelt.«

Als Dr. Diestel zum Präsidenten ernannt wurde, bewegte sich Hansa im Mittelfeld der 2. Bundesliga. Doch für den ehrgeizigen Rechtsanwalt war ein Umhertrullern in der Zweitklassigkeit nicht akzeptabel. Er wollte die 1. Klasse und mühte sich, die Bedingungen dafür zu schaffen. Mit Dr. Diestel baute die Vereinsführung nun kühn um und kam in die schwarzen Zahlen.

Hansa etablierte sich nicht nur in der 1. Bundesliga, sondern war dort mit seiner erfrischenden Spielweise gleich der Hecht im Karpfenteich. Am Saisonschluß schrammte die Pagelsdorf-Truppe nur knapp an einem der begehrten UEFA-Cup-Plätze vorbei. Wirtschaftlich stand das Unternehmen nun auf sicheren Füßen. Von 16 Millionen Mark 1991 wurde der Etat auf 24 Millionen Mark vergrößert.

Doch die scheinbar so heile Diestel-Welt kam im zweiten Bundesligajahr nach dem Aufstieg ins Trudeln. Auf einmal stand das Team auf einem Abstiegsplatz. Nach dem 0:1 im eigenen Stadion gegen Duisburg war Hansa sogar Schlußlicht. Die Fahnen wehten auf halbmast in Rostock!

Mittenhinein in die sportliche Misere platzte der notwendige Strukturumbau des Vereins. Gemäß der DFB-Satzungen hatte der FC Hansa Rostock e.V. durch die Mitgliederversammlung einen Aufsichtsrat zu wählen, der wiederum den Vorstandsvorsitzenden zu bestellen hat. Dieser beruft auch die Vorstandsmitglieder, muß sie aber samt Arbeitskonzeption vom Aufsichtsrat bestätigen lassen. So sieht es die Satzung vor.

Die Schaffung der neuen Vereinsführung wurde beim FC Hansa Rostock e.V. zu einem Krimi mit mehreren Folgen.

Seit dem 11. Dezember 1996 gibt es neben den Vereinsorganen Ältestenrat, Nachwuchsausschuß, Wahlausschuß, Schiedsrichterausschuß und Kassenprüfung endlich einen

Ex-Präsident, Ex-Vize, Ex-Manager und Unternehmer: Gerd Kische 1997.

Aufsichtsrat. Vorsitzender wurde Prof. Horst Klinkmann. Mit ihm bestimmten Rainer Jarohs, Dr. Holger Stein, Adalbert Skambraks, Wolfgang Holz und Udo Klingenberg den Kurs der Hansa-Kogge.

Über drei Monate gingen ins Land, ehe nach einigem hin und her Dr. Diestel mit dem Trio Johannes Gerarts, Dr. Karl-Heinz Lemcke und Manfred Wimmer den Vorstand bildete und ihre eingereichte Arbeitsgrundlage bestätigt wurde.

Rainer Jarohs legte kurz darauf sein Amt im Aufsichtsrat nieder. Er sah keine Grundlage für die Zusammenarbeit mit dem neuen Vorstand. Dem Jarohs-Rücktritt folgten Vorwürfe an die Adresse des ehemaligen 1. Vizepräsidenten Holger Bohn, Interna der Führungstätigkeit drangen an die Öffentlichkeit; Dr. Diestel drohte mit der Vertrauensfrage, Rauswurf-Gerüchte um Pagelsdorf, Vorstand und Aufsichtsrat begaben sich auf Konfrontationskurs, Kritik am Präsidenten in einem offenen Brief der Mitglieder, Dr. Diestel sprach von einer Rufmord-Kampagne, Hauptsponsor Deawoo stieg aus.

Und immer noch steckte Hansa tief im Abstiegskampf. Überraschend kam dann auch der Rücktritt des Präsidenten. Dr. Peter-Michael Diestel hatte das Handtuch geworfen. Er wollte nicht mehr. Ein paar Wochen später bestätigte die Mitgliederversammlung seinen Rücktritt.

Der Krimi war fast zu Ende, denn nun folgte die Suche nach einem geeigneten Nachfolger. Das war nicht ganz so nervenaufreibend, obgleich mit Holger Bohn wieder ein Mann das Rennen aufgenommen hatte, der für mancherlei Spannung zu sorgen vermag. Doch schnell erwies sich der stellvertretende CDU-Landesvorsitzende in Mecklenburg-Vorpommern, Eckhardt Rehberg, als Favorit, und im Juni 1997 wählte ihn der Aufsichtsrat zum Vorstandsvorsitzenden und Nachfolger von Dr. Diestel. Dem Vereinscharakter gemäß tat sich die Führung dann noch etwas schwer bei der Bestätigung des Arbeitskonzeptes und der Vorstandsmitglieder. Ende Juni war dann alles klar. Zum Vizepräsidenten wurde Rainer Jarohs, als 2. Stellvertreter Bernd Ziemer und als Schatzmeister Manfred Wimmer bestätigt. Gern hätte der schwergewichtige Informatik-Ingenieur auch Holger Bohn im Boot gehabt. Der sprang aber zuvor ab.

Bei all den Turbulenzen erstaunt es ungemein, daß auf dem Rasen doch noch der Klassenerhalt erkämpft wurde.

Die Mannschaft hinter der Mannschaft

Der Fußballbetrieb ist nicht mehr so wie vor zwanzig Jahren. Da muß organisiert, eingerichtet, aufgebaut, angeordnet, geplant, verhandelt, beschafft und geregelt werden. Der Rasen ist zu pflegen, Karten sind zu verkaufen, die Spieler sind zu transportieren, ihre Kleidung ist zu warten, die Fans sind zu betreuen, für die Sicherheit ist zu sorgen, Briefe sind zu schreiben usw. All das muß getan werden, damit ein Bundesligaverein reibungslos arbeiten kann.

Aber kommen wir erst einmal zu den Fußballerklamot-

Bei ihm hat der Schmutz nichts zu lachen: Andreas Thiem.

ten. Um das Zeug sorgt sich der Zeugwart. Bei Hansa heißt er Andreas Thiem. Seit dem 1. Dezember 1988 ist er für die Arbeitskleidung bei Hansa verantwortlich. Gut, damals nannte er sich noch Wäschekammer-Verantwortlicher, aber seine Aufgaben waren keine anderen.

»Fußball heute und zu DDR-Zeiten sind bei aller Vergleichbarkeit zwei verschiedene Paar Schuhe«, meint Axel Schulz, Ex-Hansa-Spieler, Ex-DDR-Nationalspieler, Ex-Profi und heutiger Hansa-Pressemann. Der muß es wissen. 1967 hat er in der Kinderabteilung von Hansa mit dem Fußballspielen begonnen, stieg dann 1978 beim 4:2 Gewinnspiel gegen Union Berlin in den Kader auf und absolvierte bis zu seinem Ausscheiden 1993 259 Spiele für den Klub. Er schoß 38 Tore. International kam er zu drei Einsätzen im Nationalteam und wurde fünfmal in der Olympiamannschaft eingesetzt. Da Axel Schulz auch in der Bundesliga Erfahrungen sammeln konnte, kann er vergleichen. »Natürlich spielt man hier wie dort mit einem Ball, hat ein Feld, zwei Tore, Fußballschuhe und -dreß, Schiedsrichter, Eckfahnen usw., aber was sich inzwischen rund um das Spiel

139

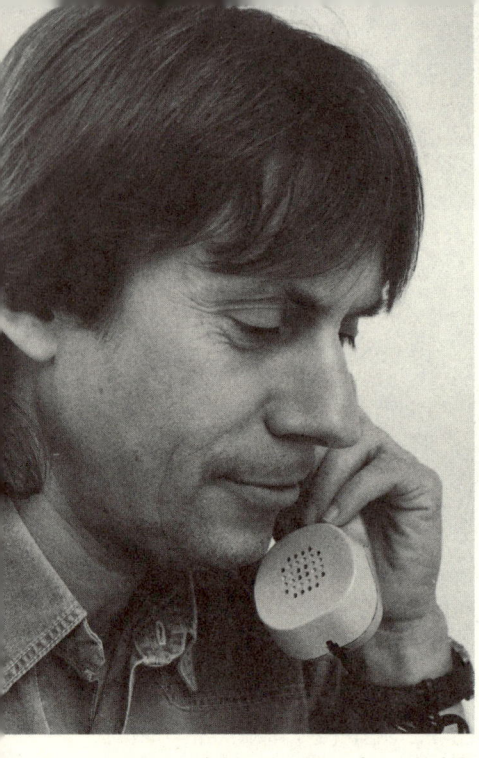

Axel Schulz blieb seinem Verein verbunden: Gestern Mittelfeldspieler, heute Pressesprecher

tut, hat mit dem, was wir so erlebt haben, nicht mehr viel zu tun.« Kaum vorstellbar, daß ein Spieler des heutigen Bundesligisten nach dem Training seine dreckigen und durchschwitzten Klamotten an einen Kleiderhaken hängt, sie ausdampfen und trocknen läßt, um das Zeug am nächsten Tag wieder zum Training anzuziehen. Zu DDR-Zeiten gab es eben am Montag ein Hemd, eine Hose, ein Handtuch – das war's dann auch.

Heute ist es also Andreas Thiems Job, den Spielern »ans Zeug zu gehen«. Nun sorgt er für saubere Töppen, Jerseys, Hosen, Unterhemden, Pantalons, Schienbeinschützer usw. Damit das kein Gehetze wird, hat Andreas Thiem 14 Sätze Spielertrikots in den drei verschiedenen Farben, mit denen Hansa sich präsentiert. Dazu verwaltet er noch 120 Trainingstrikots und die dazugehörigen Extras. »Pro Training und pro Spiel fallen etwa 35 bis 40 Kilogramm Wäsche an. Da haben dann meine Industriewaschmaschinen ihr Tun.«

Zehn Kilo Waschpulver pro Woche verbraucht er. Eine halbe Tonne im Jahr.

Mit kompletter Kluft für jeden Spieler sitzt der Zeugwart bei jedem Spiel am Spielfeldrand, um bei etwaigen Notfällen sofort eingreifen zu können. Da ist es für ihn ganz selbstverständlich, daß er die Konfektions- und die Schuhgröße jedes Spielers kennt. Auch Eigenheiten anderer Art. So spielen Baumgart und Chalaskiewicz immer »kurz« – ob Sommer oder Winter. Wissen muß er auch, was die Spieler gerne während des sogenannten Pausentees zu sich nehmen. Das besondere Getränk, der Vitamin-Drink, die Selters, die Banane oder der Apfel müssen bereitliegen. Das gilt auch für die Auswärtsspiele. Da hat der Zeugwart mehr als den gewohnten Streß. Es sind nicht gerade wenig Kisten, die er dann zu schleppen hat. Der vollgepackte Transporter fährt voraus. Rückkehr in aller Herrgottsfrühe. Dann geht es ran an die Klamotten, und es wird durchgemacht.

Das ist Bundesligaalltag bei Hansa. Und nicht nur dort. Daß es bei Hansa aber ganz besonders gut klappt, das ist der Stolz des Zeugwarts Andreas Thieme.

Organisiert wird von Herbert Maronn. Vom etwaigen Flugticket über die Hotelbuchung bis zum Essenplan ist alles klar, wenn die Mannschaft in Aktion tritt. Welches Vertrauen der Organisations-Chef im Verein genießt, zeigt seine Berufung zum Leiter der Lizenzspielerabteilung. Er ist es auch, der eng mit dem Mannschaftsbetreuer und Busfahrer Rüdiger Weidemann zusammenarbeitet.

Rüdiger Weidemann, Jahrgang 1948, nimmt die Funktion des Mannschaftsbetreuers, also der »Mutter der Kompanie«, wahr und ist gleichzeitig Hansas großer Wagenlenker. Von ihm erfahren wir, was viele wissen wollen: Wer sitzt wo im Bus? »Was einige Fans auf der Autobahn wagen, nur um in unseren Bus zu sehen, reicht schon fast an das Wagenrennen von Ben Hur heran. Mancher riskiert Kopf und Kragen, um einen kurzen Blick in den Bus werfen zu können«, bemerkt Rüdiger Weidemann und schüttelt den Kopf.

Rüdiger Weidemann ist der Mann am Steuer.

Der Bus hat 30 Plätze. 18 bis 19 Spieler plus Trainer, Co-Trainer, zwei Physiotherapeuten und der Zeugwart fahren mit. »Unangefochten ist natürlich mein Platz hinter dem Lenkrad. Schräg hinter mir saßen bisher Frank Pagelsdorf und Andreas Zachhuber. Nun haben dort Ewald Lienen sowie Hansas Co-Trainer Andreas Zachhuber und Juri Schlünz Platz genommen. Den ersten Vierertisch belegen meist Marco Zallmann, Hilmar Weilandt, Marco Rehmer und oftmals Uwe Ehlers. Die Physiotherapeuten und der Zeugwart sitzen mit Yasser Radwan genau hinter mir. Stefan Studer und Martin Groth nehmen die Plätze im Doppelpack. Den darauffolgenden Vierer besetzen Martin Pieckenhagen, Slawomir Majak, Thomas Gansauge und Steffen Baumgart. Ganz hinten haben Jens Dowe, Slawomir Chalaskiewicz, Perry Bräutigam und Heiko März ihre Plätze. Daneben sitzen Toni Micevski, Sergej Barbarez, Timo Lange und Igor Pamic

Die Sitzordnung kann aber auch ganz anders sein. Wenn nämlich gewonnen wird, geht's hier hoch her. Unterhaltung zumindest ist im Bus garantiert. »Will der eine seine Video-Kassette sehen, kann er es. Wir haben dafür drei Fernseh-

Auch Ronald Adam (rechts) kennt den Club nicht nur durch seine Tätigkeit in der Geschäftsstelle. Bis 1983 kickte er für den FCH, hier zusammen mit Juri Schlünz im Spiel FCH – Lok-Leipzig, 1980.

geräte im Bus. Wer seine MC oder CD hören will – alles ist möglich. Nur die *ran*-Sendung von Sat. 1 können wir lediglich bei stehendem Bus über Satellit empfangen. Aber manchmal will die Truppe auch das sehen.«

Der Wagenlenker fährt oftmals auch ohne Besatzung vor. Reisen bis ins Ruhrgebiet macht die Mannschaft nämlich mit dem ICE von Hamburg aus, und wenn es nach München geht, wird von Laage geflogen. Der Bus aber bleibt unverzichtbar. Genauso wie sein Lenker.!

Chef des Kartenverkaufs ist Ronald Adam. Er bestritt zwischen 1976 und 1983 41 Oberliga- und 12 Ligaspiele für den FC Hansa Rostock. Nach der Wende trainierte er den Nachwuchs von SV Warnemünde auf ABM-Basis. Als diese Arbeitsbeschaffungsmaßnahme auslief, kam das Angebot von Hansa gerade recht. »Anfänglich war das eine ziemlich ungewohnte Arbeit, weit weg vom Trainer-Dasein. Aber nach einer gewissen Einarbeitung habe ich die Sache gepackt. Auch ohne größere Technik-Unterstützung, die ich natürlich gerne gehabt hätte. Ein durchgestyltes Computersystem ist aber für uns vorerst nicht erschwinglich. So läuft alles noch per Hand.« Mit 25 Partnern führt Hansa 80 Vorverkaufskassen in Rostock, in Mecklenburg-Vorpommern und in Brandenburg. Ein aufwendiges System, das in dem Flächenland betrieben werden muß, um im Idealfall 23000 Karten pro Spiel umsetzen zu können.

Den Jahreskarten gilt das besondere Interesse. 2282 hat Hansa davon in der Saison 1996/97 absetzen können. »Das müssen in diesem Jahr mehr werden. Dabei hoffen wir, daß der neu geschaffene Kaufanreiz ausreicht. Wer eine Jahreskarte kauft, hat zwei Spiele Rabatt, muß die Vorverkaufsgebühr nicht zahlen, hat einen Stammplatz sicher und freie Fahrt auf allen Strecken des Verkehrsverbunds Warnow.«

Daß die Spiele, zu denen der Zuschauer anreist, dann auch sehenswert sind, hängt natürlich zum Teil vom Rasen ab. Der war im Ostseestadion lange Zeit alles andere als gut. »Die Pflege war sehr arbeitsaufwendig«, sagt Platzwart Richard Engels. »Doch die erbärmliche Rasendecke gehört der Vergangenheit an.«

Seit Juni 1997 grünt es nun im Ostseestadion holländisch. Große Kühlwagen lieferten die 30 Meter langen Rasenrollen an, und die Holländer Joeroen Schaft, Wilco Kok, Johan Iolchorst und Jan Denissen verlegten sie über die bereits installierte Rasenheizung. 800000 Mark ließ sich Hansa die Modernisierung kosten. Nutznießer sind vor allem die Spieler. Aber auch die Zuschauer haben etwas davon, da ihnen auf einem Evergreen-Rasen besserer Fußball geboten wird. Die Gefahr, daß Spiele wegen schlechter Witterung ausfallen müssen, minimiert sich erheblich. Und letzten Endes haben es Richard Engels und seine Mannen leichter.

Für die Sicherheit im Stadion stehen acht Kameras und Polizeikommissar Ralf Jähning zur Verfügung. Tja, auch dafür muß gesorgt werden. Zum Glück blieben gerade in der vergangenen Spielzeit größere Tumulte aus, aber vorsorgen muß die Polizei schon. Und von ihr können im

Ernstfall nahezu 800 Beamte mobilisiert werden. Mit Sicherheit.

Um die gesundheitliche Sicherheit sorgen sich die Hansa-Docs Frank Bartel und Ullrich Adam. Dr. Frank Bartel, der noch eine Praxis in der Rostocker Innenstadt führt, ist bei seinen Fußballern als »tolle Type« bekannt. Er scheint die gute Laune und den Optimismus gepachtet zu haben. »Nichts trägt zur schnellen Heilung besser bei als ein Lächeln und die Überzeugung, daß wir das schon hinkriegen«, meint der Mann in Weiß. Übellaunigkeit und Minusstimmung bremsen jeden Heilprozeß. Dabei ist der Doc kein Hexenmeister oder Hansa-Druide mit den Wunderkräften eines Miraculix. »Ich mach meine ganz normale Arbeit, soweit man das beim Fußball als normal bezeichnen kann. Wunderwerke sind nicht mein Ding.« Wichtig ist die Fitness des gesamten Teams. Für die Spieler ist er, wie sein Kollege Adam und die Physiotherapeuten Frank Scheller und Peter Meier, eine wichtige Bezugsperson. Sie alle machen es möglich, daß nach Blessuren, Blutergüssen oder schwereren Verletzungen in relativ kurzer Zeit wieder daran gedacht werden kann, auf den Platz zu laufen. Daß während des Spiels Einsatz sehr gefragt ist, muß nicht besonders betont werden.

Schließlich gibt es noch die Geschäftsstelle mit Frau Karin Heiden, die als Chefsekretärin auch in den chaotischsten Streßsituationen die Übersicht behält. Geschäftsführer Dr. Helmut Hergesell kann sich freuen, denn ehe Sturmböen in sein Reich einbrechen können, hat Frau Heiden sie mit ihrer angenehm-freundlichen Art bereits gedämpft oder ihnen zumindest die Schaumkronen genommen.

Die Mannschaft hinter der Mannschaft ist einem Puzzle gleich, doch jedes Teil hat seinen Platz. Deshalb gewann wohl auch der neue Trainer Ewald Lienen den durchaus zutreffenden Eindruck, daß »hier alles so prima funktioniert«.

Training in der Laufhalle. V.l.n.r.: Melanie Harms, Dana Witt, Tina Wöller, Susanne Harwardt, Stefanie Holzke, Yvonne Sinke, Janine Todtenberg, Melanie Topitsch, Katrin Hayn, Grit Schünemann, Kerstin Röbke.

Nicht nur Quietschen und Radschlagen

Jeder, der zu Heimspielen seiner Mannschaft ins Ostseestadion fährt, kennt sie: die Cheerleader des FC Hansa
Rostock. Mit ihren Darbietungen verkürzen die Mädchen
den Zuschauern die Zeit bis zum Anpfiff oder die Pause. In
Vereinsfarben gekleidet wirbeln sie über den Platz, bilden
Figuren, türmen sich zur Pyramide, werfen die Beine in
die Höhe und lassen bei allem ihre bunten Puschelbälle
durch die Luft schwirren. Doch ansonsten weiß man über
die Mädchen wenig. Wer also sind die Cheerleader?

Erst einmal sind es hübsche Mädchen im Alter von 15
bis 23 Jahren. Keines von ihnen kommt aus den USA, im
Gegensatz zu ihrem Sport. Die Puschel, mit denen die Damen während ihrer Übungen umherwedeln, kamen allerdings über den großen Teich nach Rostock. Auf Bestellung.
Die Kostüme, allesamt Extra-Anfertigungen, stammen
zum Teil aus der Werkstatt der bekannten Modedesignerin
Silke Panze. Dafür, daß nicht nur die Kleidung sondern
auch die Darbietung der Truppe zur Attraktion wird, sorgt

Die leichtfüßige Show auf dem Rasen ist das Ergebnis schweißtreibender Arbeit: Stefanie Holzke und Janine Todtenberg gönnen sich eine Pause.

neben den Mädchen Sabine Marquardt. Ehemals Tänzerin, lehrt die Diplom-Choreographin heute am Rostocker Konservatorium Tanz und trainiert nun auch die Cheerleader. Beste Voraussetzungen, um genau jene Lücken zu schließen, die sich nach einem spontanen Anfang 1995 und nach zwei turbulenten Jahren im Programm der Cheerleader auftaten.

Die sechs Mädchen aus den Anfangsjahren hatten zeitweilig auf Initiative von Azubis und Angestellten des Heiko-März-Sportgeschäfts die Brasserie im Doberaner Hof zu einem Trainingszentrum für Cheerleader umfunktioniert. In Eigeninitiative eigneten sie sich vieles an, dachten sich die Programme aus. Den vielen Übungsstunden folgten Auftritte. Doch bald gelangten sie nach ersten Erfolgen und personellen Umbesetzungen genau dort an, wo Elan und Freude nicht mehr ausreichen, um höheren Leistungserwartungen entsprechen zu können. »In Amerika gibt es Gruppen, die höchsten turnerischen und akrobatischen Ansprüchen gerecht werden, wo Salti vorwärts und rückwärts zum Repertoire gehören und die längst aus dem

Schatten der bloßen Garnierung von Basket-, Base- und Footballspielen herausgetreten sind«, erläutert Sabine Marquardt und läßt so ganz nebenbei erkennen, welche sportlichen und tänzerischen Ziele mit der jetzigen Gruppe angestrebt werden. »Die Mädchen arbeiten alle ehrenamtlich und setzen ihre Freizeit ein, da kann man mit zweimal Training in der Woche nicht alles, aber viel erreichen, mehr jedenfalls als bisher.« Also ließ sich die hübsche Sabine engagieren, zog mit Hilfe des Hansa-Marketings in die Laufhalle am Barnstorfer Wald um und trainiert seit April diesen Jahres regelmäßig, d.h. montags und vor Heimspielen auch donnerstags zwei Stunden die nunmehr 23 Mädchen.

Und wie bereits gesagt: Eine ansehnliche Truppe mit einem attraktiven Programm, das dem Abenteuer Fußball eine weitere ästhetisch eindrucksvolle Note gibt, sind sie schon heute. Warten wir ab, womit sie uns in der Zukunft überraschen. Wir dürfen gespannt sein.

Das Hansa-Fanprojekt

Fast alles hat sich beim FC Hansa Rostock mit dem Jahr 1997 verändert. Geblieben ist jedoch das Fanprojekt mit seinem Peter Schmidt.

Seit seiner Gründung 1991 stellt er mit seiner Crew einiges auf die Beine. Hier läuft nicht nur der Kartenverkauf für die Auswärtsspiele zusammen, melden sich nicht nur jene, die zu den Spielen in andere Stadien mitfahren wollen, hier wird auch etwas für die Kinder der Fans getan, für die Jugendlichen und für die Behinderten. Vor allem aber tut das Hansa-Fanprojekt etwas für das gesamte Drumherum der Hansa-Bundesligaspiele.

Der Leiter ist da Vorbild. Er begibt sich mit den treusten aller Fans über weite Strecken, um jedes Auswärtsspiel seiner Jungs live mitzuerleben. Bei Wind und Wetter, per Bahn oder Bus, ohne und mit Übernachtung – den kräftig gebaute Fan-Chef kann kaum etwas aufhalten. Getreu seinem Motto: »Hansa-Fan sein fetzt ein.« Nur im

Notfall greifen er und seine Freunde auf den Fernsehsender Premiere zurück, um ihre Hansa-Truppe spielen zu sehen.

Apropos Auswärtsspiele! Nicht nur die lange Bustour nach Barcelona hatten die über 1000 Fans 1991 zu verkraften, nein, auch eine 0:3-Niederlage, der sich dann noch eine weitere bei Werder Bremen anschloß. »Vor dem Barcelona-Spiel hatten wir auch das Heimspiel verloren«, stöhnt Peter Schmidt. Das hielt ihn wie tausend andere nicht davon ab, dem Verein auch in Spanien die Treue zu halten. »Im Stadion zu sein, wenn Hansa siegt, ist leicht. Schwerer ist es schon, mit seinem Team eine Durststrecke zu meistern und der Mannschaft den Rücken zu stärken, wie wir es auch in diesem Jahr im gemeinsamen Kampf gegen den Abstieg mit Erfolg getan haben.«

Über 30 Fanclubs stehen hinter dem FC Hansa. Ob die Fantruppe *Seestern* oder die *Berliner Fischköppe*, ob die Fanvereinigung *Und alles wird gut* oder die *Vier-Tore-Power* aus Neubrandenburg, sie alle stehen für den Verein und haben Gleichgesinnte von Rügen bis Thüringen. Selbst im Westen schwärmen Fußball-Fans für den Osten, wenn es um den FC Hansa Rostock geht.

Wer hinter den Hansa-Anhängern nur eine gröhlende Meute vermutet, der Alkoholgenuß und Fußballwahn die Köpfe vernebelt haben, ist auf dem Holzweg. Das sind Leute, »die mit uns Fans nichts zu tun haben«, versichert Peter Schmidt. »Natürlich kommen die Fans mit den unterschiedlichsten Wünschen ins Stadion. Klar. Die einen wollen ihren Fußball – gut, die andern unbedingt den Hansa-Sieg – auch gut, wieder andere wollen vor allem die Sau rauslassen – weniger gut. Aber keiner von uns will prügeln, randalieren oder raballern. Das sind die anderen. Die gehören nicht zu uns. Denen ist doch das Fußballspiel nur Kulisse für ihre Saufgelage und Schlägerauftritte. Wir sind echte Fans – ohne Gewalt.« Den letzten Satz fand Peter Schmidt so wichtig, daß er ihn auf T-Shirts drucken ließ.

»Wer an Fußball Freude hat, Hansa verbunden ist und

Gewalt ablehnt, der gehört zu uns. Der kann für einen Jahresbeitrag von 15 Mark Mitglied des Hansa-Fanprojekts werden.« Inzwischen sind es über 500, die aktiv mitmachen und 300 Sympathisanten,»vor allem Kinder und Jugendliche, die keinen Beitrag zu zahlen brauchen, aber mitmachen können.«

Wo kann man mitmachen? Also, großgeschrieben wird Gemeinschaft. Die findet jeder in der Gaststätte des Fanprojekts. Dort ist der gesellige Mittelpunkt. »Hier erlebst du Gemeinschaft pur. Hier treffen sich alle zum Gespräch vor und nach den Heimspielen, hier werden Fanartikel verkauft, und nur hier gibt es auch die Eintrittskarten für die Auswärtsspiele sowie die notwendigen Absprachen für jene, die mit uns nach Hamburg, Leverkusen, Düsseldorf oder München fahren.«

Zum Klubgebäude des Hansa-Fanprojekts sind noch ein paar Worte zu verlieren. Aus einem ehemaligen Trafo-Haus bauten in einem Dreischichtrhythmus Hansa-Fans mit tatkräftiger Unterstützung der Sponsoren und unter Führung von Bohn-Bau einen Hansa-Fantreff, der sich sehenlassen kann. Das Ostseestadion vor Augen, die Hansa-Geschäftsstelle zur Seite und den Spielplatz der Hansa-Amateure, -Kinder und -Jugendlichen im Rücken, kann dieser Treff nicht günstiger liegen. Zum Stadion und wieder zurück kommt man bequem zu Fuß, die Hansa-Geschäftstelle mit ihrem Fan-Beauftragten Axel Schulz ist leicht erreichbar, und die Eltern, die ihre Kinder zum Training oder Wettkampf bringen, kehren gern zum Kaffee oder Bier in »Schmidts Hansa-Treff« ein. Dort finden auch gemeinsame Weihnachts- und Silvesterfeiern statt, Fanclub-Turniere im Tischtennis, im Skat oder Dart sind hier die Renner. Zu Geburtstagsfeiern kann man die Gaststätte mieten. Und immer sind Fanprojekt-Mitglieder bevorzugt.

Dankbar sind dem Fanprojekt auch die sportenthusiastischen Behinderten der Stadt. Um ihre besonderen Belange kümmern sich alle 14 Mitglieder der Projektleitung. »Wir helfen gern den Behinderten. Aber ohne die Hilfe der Sponsoren wäre diese Arbeit gar nicht möglich. Allein

Peter Schmidt ist ein Hansa-
Fan mit ganzer Seele

die notwendigen Finanzen für das Fest unserer behinderten Freunde hätten unser Budget weit überstiegen. Da ist
es schon gut, wenn man finanzkräftige Partner im Rücken
hat,« meint Peter Schmidt.

Seit dem 1. September 1991 gibt es den Dachverband
aller Hansa-Fanclubs, seit August 1995 ist er als eingetra-
gener Verein im Handelsregister der Stadt Rostock notiert
und mit der Fußballsaison 1997/98 geistert sein *Hansa-Fan
Kurier* sogar durchs Internet. Auch hier spielen die Partner
wieder eine wichtige Rolle. Um modern kommunizieren zu
können und *on-line* vertreten zu sein, haben sich das Fanprojekt, die Internet Marketing MV GmbH Rostock i.G.

und die CLC Interaktive Media GmbH Flensburg zusammengetan. Das kampfstarke Trio bietet für Internet-Surfer das *Fanforum* als Tummelplatz für Mac- und PC-Freaks mit Drang nach Hansa-News. Hier kann aber auch jeder seine Auffassung über den FC Hansa, seine Spieler und seine Spielweise zum Ausdruck bringen, Kontakte knüpfen und mit Fußballfans nett, eben internet, ins Gespräch kommen. Wenn erst einmal Ewald Lienen und seine Spieler munter und live mitsurfen können – dafür sollen so schnell wie eben möglich die Bedingungen geschaffen werden – dann dürfte sich die *http://www.hansafan.de* als eine gute Adresse für all jene entwickeln, die ihr Fansein ganz unmittelbar ausleben wollen. Das können sie dann nicht nur traditionell, also stadt- und landesweit, sondern künftig auch ganz modern und eben weltweit. Ob in Rostock, Moskau, Montevideo oder Florenz, ob in Laage, Parchim oder Gaatz, die Faszination Fußball greift. Die digitale Revolution beflügelt nun auch das Fangefühl. Morgen schon. Schnelle Anfrage, promte Antwort, sofortige Information – neue Gesprächspartner, neue Einsichten, neue Standpunkte in einer neuen Dimension.

Was dabei zählt ist Hansa, ist die Fangemeinde, ist der Fan. Er hat sich die Frage schon beantwortet, wohin der Fußball in der Zukunft rollen wird. Für ihn bleibt Fußball ein Teil des großen Welttheaters – trotz weiterer Kommerzialisierung und ihrer Folgen. Für ihn bleibt das Hansaspiel das große Spektakel. Für ihn bleibt Fußball das Esperanto der Welt, ein Mittel der Verständigung.

Zum Schluß noch ein Märchen ...

Die Großmutter schaute in die weit aufgerissenen Augen
der Kinder und kam zum Schluß: »... und dann wurde der
FC Hansa Rostock Deutscher Meister, gewann den Europapokal, besiegte die Vereinsmannschaften aller Kontinente und wurde Weltpokalsieger.

So. Und morgen erzähle ich euch ein anderes Märchen.«

ANHANG

Hansa-Spieler und -Trainer 1997/1998 (Stand Juli 1997)

Barbarez, Sergej; Mittelfeld; Rückennummer 14; geb. am 17. September 1971; 80 kg, 187 cm; bei Hansa seit 1996; bisherige Vereine: Velez Mostar, Hannover 96, 1. FC Union Berlin; 27 Bundesligaeinsätze; 2 Tore.

Baumgart, Steffen; Angriff; Rückennummer 20; geb. am 5. Januar 1972; 75 kg, 178 cm; bei Hansa seit 1994; bisherige Vereine: Dynamo Rostock-Mitte, Dynamo Schwerin, SpVgg. Aurich; 64 Bundesligaeinsätze; 14 Tore.

Beeck, Christian; Abwehr; Rückennummer 3; geb. am 18. Dezember 1971; 86 kg, 190 cm; bei Hansa seit 1995 (verließ zu Beginn der Saison 1997/98 den FCH und wechselte zum MSV Duisburg); bisherige Vereine: 1. FC Union Berlin, BFC Dynamo Berlin, BSG Stahl Brandenburg; 26 Bundesligaeinsätze.

Bräutigam, Perry; Torwart; Rückennummer 26; geb. am 28. März 1963; 85 kg, 189 cm; bei Hansa seit 1995; bisherige Vereine: Motor Altenburg, 1. FC Lok Leipzig, FC Carl Zeiss Jena, 1. FC Nürnberg; 68 Bundesligaeinsätze; 3 Länderspiele für die DDR.

Chalaskiewicz, Slawomir; Angriff; Rückennummer 11; geb. am 29. November 1963; 70 kg, 171 cm; bei Hansa seit 1992; bisherige Vereine: Metalowicz Lodz, Boruta Zgierz, Orzel Lodz, Start Lodz, Widzew Lodz, Slask Wroclaw; 42 Bundesligaeinsätze; 1 Tor; 2 Länderspiele für Polen.

Dowe, Jens; Mittelfeld; Rückennummer 4; geb am 1. Juni 1968; 82 kg, 184 cm; wieder bei Hansa seit 1997; bisherige Vereine:

KKW Nord Greifswald, FC Hansa Rostock (1976–1994), TSV 1860 München, Hamburger SV (ausgeliehen an Wolverhampton Wanderes und Sturm Graz); 92 Bundesligaeinsätze; 8 Tore.

Ehlers, Uwe; Abwehr; Rückennummer 5; geb am 8. März 1975; 86 kg, 187 cm; bei Hansa seit 1981; 19 Bundesligaeinsätze.

Ewen Ralf; Mittelfeld; Rückennummer 15; geb. am 11. Februar 1972; 77 kg, 182 cm; bei Hansa seit 1997; bisherige Vereine: SV Haage, Bayer Leverkusen, VfL Wolfsburg, TuS Paderborn-Neuhaus; bislang keine Bundesligaeinsätze.

Gansauge, Thomas; Abwehr; Rückennummer 16; geb. am 4. Juni 1970; bei Hansa seit 1996; 81 kg, 184 cm; bisherige Vereine: Empor Sassnitz, FC Hansa Rostock (1983–1989), TSV 1860 Stralsund, SV Lurup, PSV Rostock; 24 Bundesligaeinsätze.

Groth, Martin; Mittelfeld; Rückennummer 7; geb. am 20. Oktober 1969; 76 kg, 181 cm; bei Hansa seit 1995; bisherige Vereine: SC Langenhagen, Hannover 96; 54 Bundesligaeinsätze; 2 Tore.

Klewer, Daniel; Torwart; Rückennummer 21; geb. am 4. März 1977; 85 kg, 192 cm; bei Hansa seit 1983; bisher keine Bundesligaeinsätze.

Laars, Björn; Mittelfeld; Rückennummer 28; geb am 5. Dezember 1974; 85 kg, 183 cm; bei Hansa seit 1988; bisherige Vereine: Lok Bergen; bisher keine Bundesligaeinsätze.

Laaser, Marco; Mittelfeld; Rückennummer 24; geb. am 16. Januar 1977; 71 kg, 176 cm; bei Hansa seit 1990; bisherige Vereine: SV Hafen Rostock; bisher keine Bundesligaeinsätze.

Lange, Timo; Abwehr; Rückenummer 2; geb. am 19. Januar 1968; 79 kg, 180 cm; bei Hansa seit 1992; bisherige Vereine: Einheit Grevesmühlen, FC Hansa Rostock (1980–1984), TSG Wismar, Stahl Brandenburg, Hallescher FC; 45 Bundesligaeinsätze; 2 Tore.

Majak, Slawomir; Angriff; Rückennummer 18; geb. am 12. Januar 1969; 77 kg, 184 cm; bei Hansa seit 1997; bisherige Vereine: Pregotour Debica, Zaglebic Lubin, Hannover 96, Widzew Wodz; bisher keine Bundesligaeinsätze; 8 Länderspiele für Polen.

März, Heiko; Abwehr; Rückennummer 17; geb. am 9. Juli 1965, 82 kg, 185 cm; bei Hansa seit 1977; bisherige Vereine: BSG Fiko Rostock; 89 Bundesligaeinsätze; 1 Länderspiel für die DDR.

Micevski, Toni; Mittelfeld; Rückennummer 9; geb. am 20. Januar 1970; 81 kg, 188 cm; bei Hansa seit 1996; bisherige Vereine: FK Pelioter Bitola; 19 Bundesligaeinsätze; 2 Tore; 23 Länderspiele für Mazedonien.

Pamic, Igor; Angriff; Rückennummer 22; geb. am 19. November 1969; 95 kg, 191 cm; bei Hansa seit 1997; bisherige Vereine: FC Osijek, Croatia Zagreb, FC Souchaux; 8 Länderspiele für Kroatien; bisher keine Bundesligaeinsätze.

Pieckenhagen, Martin; Torwart; Rückennummer 1; geb. am 15. November 1971; 86 kg, 185 cm; bei Hansa seit 1996; bisherige Vereine: Medizin Buch, TZ Pankow, 1. FC Union Berlin, Tennis Borussia, MSV Duisburg; 6 Bundesligaeinsätze.

Radwan, Yasser Achmed (Rufname: Yasser); Angriff; Rückennummer 12; geb. am 22. April 1972; 72 kg, 176 cm; bei Hansa seit 1996; bisherige Vereine: Baladeya Mehalla (Ägypten); 23 Bundesligaeinsätze; 2 Tore; 33 Länderspiele für Ägypten.

Rehmer, Marco; Abwehr; Rückennummer 33; geb. am 29. April 1972; 82 kg, 187 cm; bei Hansa seit 1997; bisherige Vereine: Empor HO Berlin, TZ Prenzlauer Berg, 1. FC Union Berlin; 17 Bundesligaeinsätze.

Röver, Enrico; Angriff; Rückennummer 10; geb. am 30. September 1969; 74 kg, 180 cm; bei Hansa seit 1996; bisherige Vereine:

FC Hansa Rostock (1976-1989), Schiffahrt/Hafen Rostock, SV Deeretz; PSV Rostock; 5 Bundesligaeinsätze.

Studer, Stefan; Mittelfeld; Rückennummer 19; geb. am 30. Januar 1964; 71 kg, 175 cm; bei Hansa seit 1995; bisherige Vereine: BSV Buxtehude, TS Hausbruch-Neugraben, HSV, FC St. Pauli, Eintracht Frankfurt, Wattenscheid 09, Hannover 96; 217 Bundesligaeinsätze; 13 Tore.

Tomoski, Borislav; Mittelfeld; Rückennummer 13; geb. am 21. September 1972; 74 kg, 175 cm; bei Hansa seit 1997; bisherige Vereine: Balkan Skopje, Teteks Tetovo, Voj. Novi Sad, FC Erzgebirge Aue; bisher keine Bundesligaeinsätze.

Weilandt, Hilmar; Mittelfeld; Rückennummer 8; geb. am 29. September 1966; 76 kg, 177 cm; bei Hansa seit 1980; bisherige Vereine: BSG KKW Greifswald; 64 Bundesligaeinsätze; 3 Tore; 2 Länderspiele für die DDR.

Zallmann, Marco; Abwehr; Rückennummer 25; geb. am 17. November 1967; 88 kg, 190 cm; bei Hansa seit 1992; bisherige Vereine: Post Neubrandenburg; 51 Bundesligaeinsätze; 1 Tor.

Die Trainer

Lienen, Ewald; Cheftrainer; geb. am 28. November 1953 in Linke bei Bielefeld. Lienen schoß als Stürmer in 333 Bundesligaspielen 49 Tore; wurde mit Mönchengladbach UEFA-Cupsieger und spielte einmal in der B-Nationalmannschaft. Er trainierte die Jugendlichen, Amateure und Profis des MSV Duisburg und war von 1995–1997 als Co-Trainer bei CD-Teneriffa.
Seit Sommer 1997 ist Lienen Cheftrainer beim FC Hansa Rostock.

Zachhuber, Andreas; Co-Trainer; geb. am 29. Mai 1962 in Wismar.
Von 1980 bis 1985 spielte er 67mal im Hansa-Trikot, schoß 6 Tore und spielte schon mit Gerd Kische und Dieter Schneider,

aber auch noch mit Rainer Jarohs und Heiko März. Nach der Wende wirkte er eine Zeitlang als Sportlehrer an einer Rostocker Realschule, ehe er als Trainer zu Hansa ging.

Schlünz, Juri (Namenspatron ist übrigens der Kosmonaut Juri Gagarin, der als erster Mensch in den Weltraum flog.); Co-Trainer; geb. am 27. Juli 1961 in Berlin.
Juri Schlünz spielte 26 Jahre für Hansa und hält mit seinen 315 Meisterschaftsspielen noch immer den Vereinsrekord. Er war Hansas Freistoßspezialist, schoß 57 Tore und führte 1990/91 die Hanseaten als Mannschaftskapitän zur Meisterschaft und zum Pokalsieg. Dreimal kam Schlünz in der DDR-Olympiamannschaft zum Einsatz.

Hansa-Chronik

1954: 11. November – Gründung des Sportklubs Empor Rostock.
14. November – Erstes Spiel von Empor Lauter als SK Empor Rostock.
Rudi Reichmann ist »Sektionsleiter Fußball« in der Saison 1954/55.
9. Rang in der DDR-Oberliga.

1955: Übergangsrunde zur Jahressaison;
Empor auf dem 2. Platz.
Gerhard Schaller wird erster Nationalspieler des Klubs (Begegnung mit Rumänien).

1956: Abstieg in die DDR-Liga.

1957: Hinter dem SC Dynamo Berlin werden Empors Fußballer Zweite der DDR-Liga und steigen in die DDR-Oberliga auf.

1959: 4. Oberligaplatz; Walter Fritzsch kommt als Trainer nach Rostock.

1960: Herbert Pankau stößt zu Empor.

1962: Mit Arthur Bialas wird erstmalig ein Rostocker Fußballer Torschützenkönig der DDR-Oberliga (23 Treffer).

1965: 28. Dezember – Herauslösung der Fußballsektion aus dem SC Empor Rostock und Gründung des FC Hansa Rostock; Vorsitzender wird Heinz Neukirchen.

1966: Herbert Pankau ist der 1. Spieler im Hansa-Dreß mit Nationalmannschaftsberufung; er spielt gegen Schweden.

1967: Ernst-Moritz Pahnke löst Heinz Neukirchen im Amt des Hansa-Vorsitzenden ab.

1968: Hansa stellt mit Gerd Kostmann (15 Treffer) den DDR-Oberliga-Torschützenkönig.
Im Internationalen Messecup schlägt Hansa in den Heimspielen den OGC Nizza (3:0) und den AC Florenz (3:2) und verliert die Auswärtsspiele jeweils 1:2.

1969: Gerd Kostmann wird nochmals Torschützenkönig der DDR-Oberliga (18 Treffer).
Hansa schlägt im Internationalen Messecup Panionios Athen (3:0) und Inter Mailand (2:1) zu Hause und verliert auswärts (0:2 und 0:3).
Joachim Streich kommt ins Team.

1970: Gerd Kische verstärkt die Hansa-Mannschaft.

1974: Jochen Timmermann wird Hansa-Vorsitzender.

1975: Hansa erreicht nur den 13. Meisterschaftsplatz und steigt ab in die DDR-Liga;
Rudi Alms wird Hansa-Vorsitzender.

1977: Ulli Stoll löst Rudi Alms als Hansa-Vorsitzenden ab.

1979: Harry Nippert wird Trainer von Hansa.

1980: Andreas Zachhuber absolviert die ersten Spiele für Hansa.

1981: Hansa fliegt schon bei seinem ersten Spiel (gegen KWO Berlin) mit 1:3 aus dem FDGB-Pokal.

1983: Die sehr junge Hansa-Truppe mit einem Durchschnittsalter von 23,5 Jahren ist nach dem BFC und Dynamo Dresden beste Auswärtsvertretung der Saison 1982/83.

1986: Hansa steigt – mit Trainer Claus Creul – zum fünften und letzten Mal in die DDR-Liga ab.
Robert Pischke übernimmt das Amt des Hansa-Vorsitzenden.

1987: Sofortiger Wiederaufstieg in die Oberliga und Einzug ins FDGB-Pokalfinale, das gegen den FC Lok Leipzig 1:4 verloren wird.

1989: Hansa Rostock spielt im UEFA-Cup gegen Banik Ostrava und verliert Hin- (2:3) und Rückspiel (0:4).

1990: 6. Juni – Der FC Hansa Rostock e.V. wird gegründet; Vorsitzender ist Robert Pischke.

1991: Mit Trainer Uwe Reinders wird Hansa in der Saison 1990/91 NOFV-Meister, NOFV-Pokalsieger und qualifiziert sich für die 1. Bundesliga.
Gerd Kische wird Hansa-Präsident.
Gründung des Hansa-Fanprojekts als Dachverband aller Hansa-Fanklubs.
Im Cup der Landesmeister verblüfft Hansa den FC Barcelona mit einem 1:0 Heimsieg, nachdem man in Barcelona bereits 0:3 verloren hatte.
Nach furiosem Start in der 1. Bundesliga steigt Hansa Rostock mit seinem 18. Meisterschaftsplatz in die 2. Bundesliga ab.

1994: Dr. Peter-Michael Diestel wird Hansa-Präsident.

1995: Mit Frank Pagelsdorf wird der Wiederaufstieg in die 1. Bundesliga geschafft.

1996: Hansa verpaßt mit Pagelsdorf nur knapp einen der UEFA-Cup-Plätze und wird in der 1. Bundesliga hervorragender 6.

1997: Hansa hält sich auf dem 15. Platz und entgeht damit knapp der Zweitklassigkeit.
Trainer Pagelsdorf geht nach Hamburg; Dr. Peter-Michael Diestel verläßt den Klub; Prof. Horst Klinkmann wird Aufsichtsratsvorsitzender; Eckhardt Rehberg Vorstandsvorsitzender.
Hansa geht mit dem neuen Trainer Ewald Lienen, zwei Co-Trainern (Andreas Zachhuber, Juri Schlünz) und mit 26 Spielern in die Saison; darunter sind neun Neuzugänge.

Literaturnachweis

Baingo, Andreas u.a., *FC Hansa – Wir lieben dich total*, Berlin 1995.

Baroth, Hans Dieter, *Als der Fußball laufen lernte*, Essen 1992.

Bausenwein, Christoph, *Geheimnis Fussball*, Göttingen 1995.

Blinckendörfer, Hans, *Ein Ball geht um die Welt*, Stuttgart 1994.

Böttger, W., *Kultur im Alten China*, Berlin 1979.

Bredekamp, Horst, *Florentiner Fußball*, Frankfurt am Main 1994.

Coe, Michael D., *Das Geheimnis der Maya-Schrift. Ein Code wird entschlüsselt*, Hamburg 1995.

DFB (Hrsg.), *Bestandsaufnahme im Damenfußball*, Frankfurt am Main, o. J.

Dietz, Rainer, *Der Anteil des Fußballclubs Hansa Rostock an der Entwicklung des Leistungssports im Bezirk Rostock*, Universität Rostock, Rostock 1969, unveröffentlicht.

Eggebrecht, A. und E. (Hrsg.), *Die Welt der Maya*, Mainz 1992.

Günther, Herbert, *Um Ball und Tor*, Leipzig 1955.

Hagen, Victor W. von, *Sonnenkönigreiche*, München/Zürich 1962

Heim, Uta-Maria, *Ein Mann, ein Schuß, ein Tor*. In: Stuttgarter Zeitung, 23. Juni 1990.

Hopf, Wilhelm (Hrsg.), *Fußball – Soziologie und Sozialgeschichte einer populären Sportart*, Bensheim 1979.

Hortleder, Gerd, *Die Faszination des Fußballspiels*, Frankfurt am Main 1974.

Huba, Karl-Heinz, *Fußball-Weltgeschichte*, München 1986.

Kopka, Fritz-Jochen, *Hinter dem bösen Erwachen ist das gute zu Hause*. In: Nach dem Spiel ist vor dem Spiel, Frank, Wolfgang (Hrsg.), Hamburg 1996.

Kuhn, Helmut, *Fußball in den USA*, Bremen 1994.

Liebenthron, Wolfgang, *Chronik des FC Hansa Rostock 1965–1991*, 3 Bände, unveröffentlicht.

Pönig, Uwe/Liebenthron, Wolfgang, *Berichte und Statistiken 1966–1969*, Rostock 1969.

Pönig, Uwe/Liebenthron, Wolfgang, *So war es 1970*, Rostock 1970.

Pönig, Uwe/Liebenthron, Wolfgang, *So war es 1971*, Rostock 1971.

Pönig, Uwe/Liebenthron, Wolfgang, *Alles über den Rostocker Fußballclub in Wort und Bild*, Rostock 1972.

Pönig, Uwe, *10 Jahre FC Hansa Rostock*, Rostock 1975.

Querengässer, Klaus, *Fußball in der DDR 1945–1989. Teil 1, Die Liga*, Kassel 1994.

Querengässer, Klaus, *Fußball in der DDR 1945–1989. Teil 2, Die Nationalmannschaft*, Kassel 1995.

Reiber, Dieter, *Jahrhundert-Fußball im Fußball-Jahrhundert*, Schwaig 1989.

Riha, Karl, *Fußball literarisch oder Der Ball spielt mit dem Menschen*, Frankfurt am Main 1982.

Rosentreter, Robert, *FC Hansa Rostock: Fußball an der Ostsee*, Rostock 1995.

Schele, Linda, *Die Unbekannte Welt der Maya. Das Geheimnis ihrer Kultur entschlüsselt*, München 1991.

Schümer, Dirk, *Gott ist rund*, Berlin 1996.

Stein, Werner, *Der große Kulturfahrplan*, Berlin 1987.

Vischer, Melchior, *Fußballspieler und Indianer*, München 1984.

Wegner, Ernst, *Das Ballspiel der Römer*, Diss., Rostock 1938.

Eberhard, Wolfram, *Kultur und Siedlung der Randvölker Chinas*, Leiden 1942.

Wildt, Klaus, *Daten zur Sportgeschichte. Band 1 bis 4*, Schorndorf 1970ff.

Wolf, Ror, *Das nächste Spiel ist immer das schwerste*, Frankfurt am Main 1996.

Zöller, Martin, *Fußball in Vergangenheit und Gegenwart. Band 1 und 2*, Berlin 1976.

Bildnachweis

ADN-ZB: Seite 44
Hans-H. Brumberg: Seite 100, 140
Steffen Bunnenberg: Seite 122, 126
Camera 4: Seite 48, 51 oben, 59, 62 unten, 123 oben; Bildteil:
 Nr. 2, 3, 6, 8, 9, 16, 17
Heinz Dittmann: Seite 119
Manfred Dressel: Seite 71
Frank Kruczynski: Seite 41
Peter Langner: Seite 19
Kurt Müller: Seite 37
Eduard Pawelczyk: Seite 125
Georg Scharnweber: Seite 62 oben, Bildteil: Nr. 12, 13, 20
Matthias Schrader: Seite 55
W. Stecher: Seite 130
Rainer Schulz: Seite 46, 49, 73, 121, 143
Thomas Ulrich: Seite 43
Jan Weymann: Seite 14, 15, 51 unten, 52, 60, 83, 86, 104, 107,
 111, 123 unten, 137, 139, 142, 146, 147, 167; Bildteil: Nr. 1,
 4, 5, 7, 10, 11, 14, 15, 18, 19, 21 – 51
Frank Weymann: Seite 151

unbekannt: Seite 16, 36
privat: 116

Für die freundliche Unterstützung bedanken wir uns beim
OZ-Archiv, Rostock und bei Uwe Pönig, der uns sein Privat-
archiv zur Verfügung gestellt hat.
 Leider ist es uns nicht gelungen, in allen Fällen die Urheber
der Fotos in unserem Buches ausfindig zu machen. Bitte wen-
den Sie sich an den Verlag.

Ich danke allen, die mich bei der Bucherarbeitung unterstützt haben. Besonders möchte ich Ewald Lienen, den ehemaligen Hansa-Spielern Jürgen Heinsch, Gerd Kische, Rainer Jarohs, Axel Schulz, Jürgen Decker und Kurt Zapf, der Cheerleader-Trainerin Sabine Marquardt, dem Hansa-Fanprojektleiter Peter Schmidt und dem früheren Hansa-Trainer Dr. Horst Saß Dank sagen sowie den Mitarbeitern der Hansa-Geschäftsstelle unter Leitung von Dr. Helmut Hergesell.

Wolfgang Dalk

Wolfgang Dalk

1943 in Trempen/Ostpreußen geboren. Studium der Pädagogik, Germanistik, Geschichte und Promotion zum Dr. phil. in Rostock. Lehrte bis 1991 im Lehrbereich Germanistische Sprachwissenschaft der Universität Rostock, dann Journalist, Pressesprecher. Ab 1997 freier Journalist und Publizist. Gründete 1970 das Studentenkabarett ROhrSTOCK und erarbeitete 30 Programme. Derzeit freier Mitarbeiter des Berufskabaretts »Magdeburger Zwickmühle«.

Seit 1968 in der Freizeit-Fußballmannschaft der Rostocker Universität auf der Position des Verteidigers.

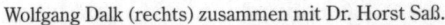

Wolfgang Dalk (rechts) zusammen mit Dr. Horst Saß.

Ronald Möller/Markus Prokein
DURCHGETRETEN

Zwei junge Männer aus Rostock beschreiben in diesem Buch ihre Radtour rund um die Welt, u.a. quer durch Rußland, China, Kanada und die USA in der Guinness-Rekord-Zeit von 161 Tagen. Fast 18 000 Kilometer über Asphalt-, Stein-, Schlamm- und Sandpisten, geplagt von Mücken, Fieber und Schmerzen durchquerten sie drei Kontinente, schliefen unter freiem Himmel, in Nobelherbergen und Armenhäusern, in Kirchen und Feuerwehrstationen. Sie gerieten in Handgemenge und Polizeigewahrsam, sprachen mit Botschaftern und Prostituierten, mit Ministern und Unterweltbossen, wurden verwöhnt und bestohlen ...

1996 kam »Durchgetreten« in die nähere Wahl zum Internationalen Preis der Reiseliteratur in Österreich.

199 Seiten, mit 28 Fotos
ISBN 3-929395-22-3

WeymannBauerVerlag